中国期货业协会期货投资者教育专项基金资助

"讲故事 学期货"金融国民教育丛书

金属期货

"讲故事 学期货"金融国民教育丛书编写组◎编

中国财经出版传媒集团
中国财政经济出版社

图书在版编目（CIP）数据

金属期货／“讲故事　学期货”金融国民教育丛书编写组编. --北京：中国财政经济出版社，2019.12（2024.7重印）

（“讲故事　学期货”金融国民教育丛书）

中国期货业协会期货投资者教育专项基金资助

ISBN 978-7-5095-7087-6

Ⅰ.①金…　Ⅱ.①讲…　Ⅲ.①金属-商品期货-通俗读物　Ⅳ.①F830.93-49

中国版本图书馆CIP数据核字（2016）第280057号

责任编辑：翁晓红　　　　责任校对：徐艳丽

封面设计：田　晗　　　　版式设计：董生平

中国财政经济出版社出版

URL：http：//www.cfeph.cn

E-mail：cfeph@cfeph.cn

社址：北京市海淀区阜成路甲28号　邮政编码：100142

营销中心电话：010-88191537

中煤（北京）印务有限公司印刷　各地新华书店经销

889×1194毫米　24开　5.75印张　114 000字

2019年12月第1版　2024年7月北京第4次印刷

定价：25.00元

ISBN 978-7-5095-7087-6

（图书出现印装问题，本社负责调换）

本社质量投诉电话：010-88190744

打击盗版举报热线：010-88191661　QQ：2242791300

前　言

近年来，我国期货市场运行质量不断提高，价格发现和风险管理的基础功能得到发挥，在优化资源配置、促进产业升级、提升经济运行效率、维护国家经济金融安全等方面发挥着越来越重要的作用。在新品种不断推出、新业务持续发展、国际化进程稳步推进的大背景下，不仅是机构客户、产业链企业、高净值人群出于规避价格波动风险的迫切需求，将期货这一对冲工具放入资产配置的篮子之中，以期平衡资产收支、实现财富管理目标，一些中小投资者也被价格波动带来的投资机会吸引，成为市场的参与者和流动性的贡献者。

我国投资者群体普遍缺乏系统的金融知识教育，风险识别能力和风险承受能力不高，容易产生投资过程中的非理性行为，不仅造成自身的财务风险，也给市场稳定和金融安全造成隐患。从世界范围来看，随着各国金融消费规模的不断增加和金融创新的快速发展，金融商品或服务日益复杂化，金融知识教育作为对消费者的一种预防性保护，得到了越来越多国家的重视和强化。期货及期权合约的杠杆性、复杂性和投机性，决定了其“高风险、高收益”的特点，将期货知识纳入金融国民教育体系，是一项具有行业前瞻性的工作。

根据国务院办公厅《关于进一步加强资本市场中小投资者合法权益保护工作的意见》（国办发〔2013〕110 号）的有关要求，在中国证监会、教育部联合印发的《关于加强证券期货知识普及教育的合作备忘录》的指导下，期货行业在落实“加大普及证券期货知识力度”“将投资者教育逐步纳入国民教育体系”方面开展了多种探索和实践。由中国期货业协会期货投资者教育专项基金资助编写的《“讲故事　学期货”金融国民教育丛书》就是将复杂的金融知识以尽可能通俗易懂的方式向公众传播的有益尝试。丛书作为系统介绍我国期货市场的基础性教育普及读物，以广大普通投资者为服务对象，满足对期货市场缺乏了解的个人或企业的需求。丛书在编写上突出“讲故事　学期货”的特色，在编写形式上多引用案例故事，形式活泼；在语言上通俗易懂，可读性强；在内容上以“风险教育”为主线，深入浅出，不仅对期货市场的起源发展、交易方法、交易品种等基本知识进行了讲解，而且对期货市场的组织架构、法律法规、风险监管等环节也进行了全方位解读；还考虑到期货行业未来的发展趋势，对期权、场外衍生品等投资者感兴趣的话题作了前瞻性介绍。

衷心希望本套丛书的出版能够为期货投资者了解期货市场、树立风险意识、理性参与期货交易提供有益的帮助。

“讲故事　学期货”金融国民教育丛书编写组

2019 年 12 月

目　录

钢铁篇

贵金属篇

钢铁篇

钢铁平淡而不平凡。平淡的是钢铁早已融入日常生活的方方面面，随处可见；之所以不平凡，是因为钢铁从无到有、从有到优、从优到精的每一步，都凝聚着人类的智慧与科技的进步。城市化和工业化进程中不能没有钢铁的身影，综合国力的体现不能没有钢铁的地位。中国作为当前全球钢铁生产消费大国，是钢铁平淡而不平凡特性的又一次有力见证。不仅如此，一同见证的还有中国蓬勃发展的钢铁期货交易市场。2009 年 3 月螺纹钢与线材期货上市交易的一声锣响，拉开了中国钢铁期货大舞台的序幕；在随后 10 多年的时间里，焦炭、焦煤、铁矿、热轧卷板、铁合金与不锈钢期货紧随其后，成功上市交易，各方参与者也纷至沓来，借助期货交易各取所得。众所周知，期货市场的基础是现货市场，钢铁生产、消费与流通影响着期货市场，理解钢铁期货的最佳切入点就是对这些品种的基本知识有一个初步了解。

（一）钢铁的前世今生

钢铁的前世是上帝眷顾的礼物，今生则是人类智慧的结晶。

1. 上帝的礼物

一颗流星划破长空，从天而降的恰是一块含铁量很高的铁陨石，这是上帝送给世间的礼物。6000 多年前的古埃及人与苏美尔人是上帝的幸运儿，他们发现并利用了这份礼物，最早用铁陨石中的天然铁制作成铁器，并将这些铁器以天降神物尊称。因为落入地表的铁陨石十分难得，所以那时的天然铁就显得弥足珍贵，铁器自然也就成了当时的奢侈品。

但实际上地球上的铁元素并不稀缺，铁是排在铝之后第二多的金属元素，只不过地球上的铁是以化合物的形态躲藏在岩石或沉积物中，即铁矿石中。大约在 4500 多年前，精明的古代小亚细亚半岛（现今的土耳其）的赫梯人发现了铁矿石中隐藏着铁的秘密，他们用树木直接火烧的方法，从铁矿石中熔炼出铁，这也让他们最先走进了铁器时代。

小贴士

考古发现最早的陨铁器是在尼罗河流域的格泽（Gerzeh）和幼发拉底河流域乌尔（Ur）出土于公元前 4000 多年前的铁珠和匕首。

想一想

为什么落入地表的铁陨石含铁量都很高，甚至可以达到 95% 以上？

2. 不可小觑的风箱

古代中国是人类历史上较早利用铁矿石熔炼铁的国家之一，早在春秋战国就开启了中国历史上引以为豪的铁器时代。高温下将铁矿石熔融的同时把铁元素还原成铁，这是利用铁矿石炼铁的基本原理，也就是说炼铁时首先要有一个必不可少的前提条件，那就是要有很高的温度。

木炭是中国很早的发明，既可以通过燃烧提供温度，也可以利用其不完全燃烧时产生的一氧化碳来还原铁。木炭虽然是炼铁一箭双雕的好选择，但仅靠木炭自然的温度（约 700℃）想有效地炼出铁来还不够，因为这个温度离有效还原铁的温度（1 000℃以上）还有一定的差距。如何解决这个问题?人们起先想到了利用牛皮制造成的风袋来鼓风，促进木炭燃烧以提高温度，这使得木炭在炼铁中有了真正的用武之地。这种最早的风袋式的风箱经过逐步改进创新，最终演变成效率更高的水力推拉的活塞式风箱，大大提高了古代中国的炼铁效率。

所以说风箱鼓风是人类历史上了不起的发明，试想炼铁时如果没有风箱的鼎力相助，那么铁器至今可能还是价格不菲的奢侈品，古代文人墨客留下的佳句可能就是“书中自有黑铁屋”了；如果没有铁器的大量使用，中国的农耕文明也不可能有那么快的大发展。

小贴士

木制双活塞式风箱是中国在鼓风技术方面的重要发明，比欧洲早了 400 年以上的历史。

想一想

为什么中国铁钱从西汉始铸，北宋鼎盛，南宋渐亡?

3. 为啥百炼可以成钢

中国自古流传着很多关于宝剑的传说。相传在春秋末年，吴王阖闾找到巧匠干将炼造宝剑。干将“采五山之铁精，六合之金英”，动用了300名童男童女，为其向炉火中添加木炭鼓风，干将的妻子莫邪还把自己的指甲与头发投入炉火中助其炼剑，最终炼成了两把绝世宝剑，剑身有龟裂纹的叫“干将”，有水波纹的叫“莫邪”。

干将所选用的“铁精”实质上是含碳量较低的、质量较好、但含有较多杂质的铁块。干将把铁块反复放入炉火中加热锤炼，将炉火中的碳渗入铁的表面，并去其杂质，其实就是炼钢的简要过程，所以干将炼造的宝剑也可以称为钢剑，而干将这种炼钢的方法叫作渗碳炼钢法，也是中国较早的炼钢方法。后来，人们把炼出的优质钢称为“百炼精钢”，这正是成语“百炼成钢”的由来，“百炼”就是工匠们经过上百次的加热和反复折叠锻打成钢的过程。

干将炼钢时采用的是含碳量低的铁块，含碳量很高的铁块是否也可以炼成钢呢？答案是肯定的，但不用千锤百炼，而像炒菜一样地炒就行了，所以可以称为“炒钢”。西汉时期开始，人们已能够把铁块加热到熔融或半融状态，再不断地搅拌，增加空气与铁的接触面，使铁水中多余的碳氧化，逐渐降低含碳量以炼成钢。因此简单地说，炼钢就是调节铁中的含碳量。

小贴士

铁与钢的区别主要在于含碳量的多少，含碳量大于2%的为生铁，0.2%—2%的为钢，小于0.2%的为熟铁或纯铁。

想一想

古人怎么判断铁中含碳量的高低，选择是渗碳还是脱碳炼钢法呢？

4. 当煤遇到了铁

长期以来，欧洲一直将木炭作为炼铁的唯一燃料。随着欧洲炼铁业的迅速发展，欧洲各地的森林资源很快就消耗殆尽。到了 18 世纪末期，英国森林资源几乎枯竭，这一度使得英国的炼铁业险些步入穷途末路，直到英国开始大量使用煤来炼铁。值得一提的是，中国在魏晋南北朝时期（公元 3—6 世纪）就开始用煤替代木炭炼铁，到了宋代（公元 10—13 世纪）已形成了北方用煤、南方用木炭的局面，而到了明代（公元 14—17 世纪）已大多用煤来炼铁了。据推算，宋代铁的年产量达到 7 万吨以上，明代则达到了 15 万吨以上，而使得英国森林资源接近枯竭时的工业革命初期，英国铁的年产量也仅仅相当于中国宋代时的水平。

所以不难想象，如果没有煤在炼铁中的替代使用，现今全球 18 亿吨以上的钢铁年产量会是一个不可想象的天文数字；又或许全球的森林资源早已不复存在，青山绿水只能在历史课本里才能找到。因此，当煤遇到了铁，不仅是解决了炼铁燃料的瓶颈，而且还从某种程度上拯救了地球的自然生态。

小贴士

直至今日，英国的森林覆盖率也仅恢复到 11.8%，全球排名第 134 位。

5. 现代钢铁工业三大件

尽管中国炼铁与炼钢技术都不是世界最早的，但是中国古代在冶炼技术上的不断发明创造，使得从公元前 6 世纪的春秋时代起，便遥遥领先世界数千年，直到后来居上的欧洲使钢铁的生产效率有了更大的提高，欧洲才成为现代钢铁工业生产工艺的开拓者。

高炉、转炉（电炉）、轧机是现代全流程钢铁生产工艺的“三大件”。现代钢铁的主要生产流程是：先将铁矿石在高炉中冶炼成铁水，接着把铁水注入转炉或电炉冶炼成钢，再将钢水铸成连铸坯或钢锭，经过轧机塑性变形加工成各种用途的钢材。

第一大件——高炉，以“高大能吃”著称。顾名思义，就是一个比较高大的竖立直圆桶形的炼铁熔炉，炼出来的铁水被称为生铁。不过，炼铁技术发展初期时的炼铁熔炉很小，构造也很简单，被称为竖炉。现代高炉自上而下由炉喉、炉身、炉腰、炉腹 、炉缸 5 个重要的部分组成，是一个技术复杂、系统性很强的炼铁设备。但不管怎样，古代早期竖炉炼铁的基本原理没变，是现代高炉的鼻祖。当前世界上最大的高炉是韩国浦项钢厂 1 号高炉，容积达到 6 000 立方米，日产铁水量可达到 1.2 万吨以上。

第二大件——转炉，因“灵动高效”得名。炉体通常为梨形，可以大角度地倾转，故称转炉，炼出来的钢被称为粗钢。现代的转炉炼钢法由一位无心插柳的英国工程师贝斯麦（Henry Bessemer）于 1856 年发明，由此开创了钢铁生产的新时代。由于此前的炮筒是用铸铁做成的，容易发生裂纹，贝斯麦为了解决这一问题，尝试用反射炉把生铁熔化后再掺入合金，以制造炮筒。在试验时，当他开动鼓风机后，突然发现了一种奇异的现象：在炉子边缘上一些不熔化的生铁和吹入的空气起作用而发生燃烧。他把经过燃烧后的生铁用铁棍挑起来进行化验，结果发现铁被吹成含碳很低的钢。再进一步研究，贝斯麦发明了底吹空气式转炉。把铁水及少量废钢与铁合金放入炉内后吹入空气，铁水中的碳、硅、锰等元素被氧化并发出大量的热，变成了韧性很好的钢。这是一项震惊世界的发明，因为用这种方法炼钢，不再需要外加燃料，且十几分钟就能炼成数吨的优质钢，效率比过去的炼钢方法高出上百倍。1948 年，德国人罗伯特·杜勒（Robert Durrer）在瑞士在贝斯麦的发明基础上，用纯氧气顶吹转炉炼钢的试验获得成功。1952 年在奥地利的林茨城（Linz）、1953 年在多纳维茨城（Donawitz）先后建成两座一次能装 30 吨铁水的氧气顶吹转炉，并投入生产。该炼钢法也被称为“LD”转炉法，使得炼钢的效率又提升了一大步，成为当今主要的转炉类型。后来电炉的发明也是基于这种转炉之上。目前世界最大的氧气顶吹转炉是德国奥古斯特·蒂森钢厂的超大转炉，一次能装400吨铁水，日产钢量能达到1万吨。

第三大件——轧机，有“万钧气盖”之力，使钢锭或钢坯在旋转的轧辊之间产生塑性变形，轧出各种断面形状与尺寸的钢材的机械设备。根据其断面形状，轧机可大体分为型材、线材、板材、管材类；按轧制时的温度不同，还可以分为热轧与冷轧类。

小贴士

现今铁是被利用最广、用量最多的金属，其消耗量约占金属总消耗量的95%。2018年全球钢铁产量超过18亿吨，如果以宽、高各1米截面为单位，可以绕地球5圈以上。

想一想

高炉与转炉技术的发展都经历了从小到大的过程，但在实际生产中它们是越大越好么？

（二）高炉的“主食”——铁矿

如果按目前高炉炼铁生产技术的平均水平，每生产1吨生铁需要1.5—2.0吨的铁矿、0.4—0.6吨的焦炭，因此铁矿可以说是高炉名副其实的主食，而焦炭则是不可或缺的主菜。

1. 五彩缤纷的铁矿

据1982年3月《光明日报》的一篇报道，专家们确认磁山（今河北省邯郸市武安）是中国指南针的发源地。也就是说，大约在2300年前的中国人用来制作成司南的天然磁铁，就是从这里开采的。天然磁铁的主要成分是四氧化三铁（Fe_3O_4），这类铁矿被称为磁铁矿，也是目前最为常见、钢铁生产中用量最大的一类铁矿；这类铁矿所呈现的颜色为黑色，这也就是人们一提到铁矿，就会自然地认为铁矿就是黑色的缘由了。

但实际上铁矿石种类繁多，可谓五彩缤纷，且因铁含量（品位）与铁化物的品类不同，呈现出不同色度与光泽的颜色。除了黑色的磁铁矿外，还有樱桃红或猪肝色的赤铁矿（Fe_2O_3）、棕褐色的褐铁矿、亮灰色的钛铁矿、青灰色的菱铁矿，还有常被误认为是黄金的黄铁矿。目前已发现的铁矿石和含铁矿物约有 300 余种，其中常见的就有 170 余种，但在当前技术条件下，具有工业利用价值的并不多。

有趣的是，高炉消化铁矿产铁时，跟人的肠胃一样，需要保证炉内良好的透气性，但有所不同的是，高炉只能吃“粗粮”而不能吃“细粮”，因此在生产贸易中常见的粉矿一般是不能直接入炉的，原因是粉矿在炉内易堆积，透气性很差，除了使铁矿熔融效率下降而“消化不良”外，更重要的是易引起炉内压强过高而直接导致爆炸。

可能让你有点想象不到的是，在高炉“吃入”矿时，对入炉铁矿还有一定的酸碱度的要求，所以按照矿石的酸碱度高低，还可以将铁矿石分为酸性矿石和碱性矿石。酸碱铁矿石的使用选择与高炉的炼铁指标以及炉内材料有关，如果高炉采用碱性渣熔炼剂（石灰石，为了更好地脱硫）则希望使用碱性矿；如果高炉采用酸性渣熔炼剂（石英石，为提高高炉利用系数和降低焦耗）则希望使用酸性矿。

小贴士

铁矿开采出的原矿中，会含有一定量不含铁或含铁量较低的废石，这就需要把原矿通过破碎、磨碎、磁选等去其糟粕取其精华。所以市场常说的铁矿是指已筛选后的粉矿或符合高炉粒度要求的块矿。

2. 不够富的中国矿

1960 年，堪称中国迄今为止“首富”的田独铁矿，再也没有了往日的机器喧嚣，这座位于海南省三亚市田独黄泥岭西北的百年老矿，在饱经沧桑荣辱后，正式完成了它的历史使命，采尽闭坑。田独铁矿品位（矿石含铁百分比）达到 63% 以上，曾是中国至今发现的品位最高、品质最好的铁矿资源。

位于海南省昌江县西部，有后来被誉为“亚洲第一富铁矿”的石碌铁矿，这是 1935 年琼崖实业局到石碌岭调查铜矿时，意外发现的品位仅次于田独铁矿、储量达 1 亿吨级的大型铁矿。但这座曾为中国早期铁矿供应立下汗马功劳的矿山，也于 2017 年 8 月基本枯竭停采。至此，可以说中国富矿资源也随着石碌铁矿的终结而终结了，这也不禁让人有了“石碌之后，再无石碌”的叹息。

中国现有的铁矿石资源总体呈现“丰而不富，杂而不精”的特点。“丰”，是因为中国探明可开采的铁矿石储量达 230 亿吨，占全球可开采储量的 8.3% 左右，储量全球排名第 5 位，不可谓不丰；而“不富”的无可奈何，则表现在储量中约 97% 为贫矿，富矿仅有 3% 左右，全国可开采平均品位不足 30%，且品位还呈现逐年下降趋势；“杂而不精”指，中国现有矿床大部分埋藏较深，地质结构复杂，开采成本相对较高，已探明的 2 000 处铁矿资源中，大型铁矿床（>10 亿吨）仅 10 处，且大部分原矿含硫、磷等有害杂质较多，原矿品位与杂质成分多变（见表 1 和图 1）。

表 1　　全球铁矿资源分布情况

排序	国家/地区	铁矿石		铁含量	
		资源储量（亿吨）	全球占比（%）	资源储量（亿吨）	全球占比（%）
	全球	1 900	100.0	870	100.0
1	澳大利亚	530	28.3	230	26.5
2	巴西	310	16.6	160	18.4
3	俄罗斯	250	13.3	140	16.1

续表

排序	国家/地区	铁矿石		铁含量	
		资源储量（亿吨）	全球占比（%）	资源储量（亿吨）	全球占比（%）
4	中国	230	12.3	72	8.3
5	印度	81	4.3	52	6.0
6	美国	69	3.7	21	2.4
7	乌克兰	65	3.5	23	2.7
8	加拿大	63	3.4	23	2.7
9	瑞典	35	1.9	22	2.5
10	哈萨克斯坦	25	1.3	9	1.0
11	伊朗	25	1.3	14	1.6
12	南非	10	0.5	6.5	0.7
13	其他	180	9.6	95	11.1

资料来源：世界钢铁协会。

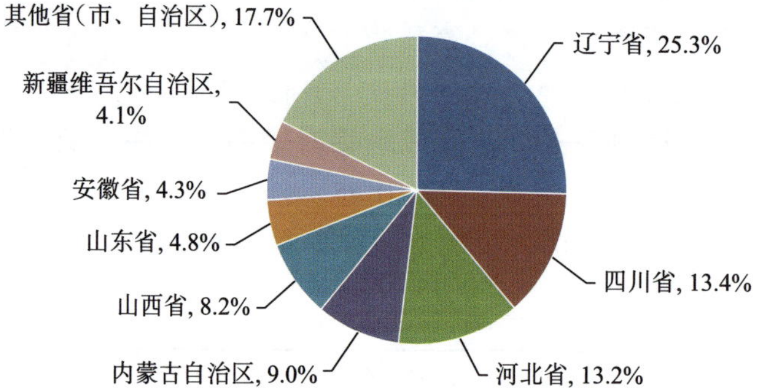

图 1　中国铁矿资源分省市分布

资料来源：国土资源部。

根据国家统计局的数据显示，2018 年中国铁矿石原矿产量达 7.6 亿吨，但经过实际生铁产量推算，筛选后折算成市场平均品位后只有 1.9 亿吨，采剥转换率只有25%左右。2018年全年中国高炉“吞下”的铁矿约为12.5亿吨之多，国产铁矿远远不能满足如此高的“食量”，所以中国只有依靠大量进口铁矿。

小贴士

矿石含铁量达50%及以上的被称为富铁矿，50%以下的则被称为贫铁矿。

想一想

为什么入炉的铁矿品位越高越好呢？

3. 铁矿的四大家族

我国历史上曾有过掌控国民经济命脉、显赫一时的“四大家族”，无独有偶，在铁矿界里也有着类似的“四大家族”：独占鳌头的淡水河谷（Vale），旗鼓相当的力拓（Rio Tinto）与必和必拓（BHP），还有后起之秀福蒂斯丘（FMG）。这“四大家族”控制着全球一半以上的铁矿石供应量，它们的一举一动自然也就成了市场关注的焦点（见表2）。

表2　2017年四大矿山产量及占全球产量比重

矿企	年产量（万吨）	占比（%）
淡水河谷	36 651	17
力拓	28 248	13
必和必拓	26 779	12
福蒂斯丘	19 140	9
四大矿合计	110 818	51
全球产量	216 252	100

资料来源：Wind数据。

中国自古就有“占地为王”的典故，铁矿的“四大家族”也一样，它们分别占据了全球铁矿资源最为丰富的澳大利亚和巴西这两个国家中铁矿资源最为优质的“王地”。皮尔巴拉地区是澳大利亚独一无二的“王地”，被力拓、必和必拓与福蒂斯丘“三分天下”，三家公司在此地的铁矿年产量达到澳大利亚总产量的88%。“铁四角”地区（以伊塔比拉为中心的四边形地区）与卡拉加斯地区是巴西的“王地”，而这两地几乎被淡水河谷“独霸”，仅淡水河谷一家公司的年产量就达到了巴西总产量的85%。无巧不成书的是，这些“王地”同处纬度相差不大的南半球，不仅体现了全球铁矿“南富，北贫”的分布特点，它们的发现还跟飞机有着不解之缘。

1952年，可以说是澳大利亚铁矿史上的创纪元年。这一年的11月16日，汉库克（Lang Hancock）驾驶私人小飞机，飞行在西澳皮尔巴拉（Pilbara）上空，前往西澳首府珀斯（Perth）。当飞到哈默斯利山脉（Hamersley Ranges）上空时，突如其来的暴风雨逼迫汉库克飞进了巨大的峡谷内。就在穿越峡谷时，上帝的礼物再次降临，这次只给了汉库克。两侧峡壁上成片的红褐色光泽映入他的眼帘，他马上意识到这可能是裸露在外的铁矿锈迹，他正飞行在一条由铁壁筑成的峡谷内！随后不久，汉库克自掏腰包对哈默斯利矿脉进行了勘探，经多次检测，铁矿品位都在60%以上，且绵延100多公里，这一结果自然让他兴奋不已。实际上不仅是哈默斯利，整个皮尔巴拉地区都是铁矿的“王地”，在皮尔巴拉地区后来探明的储量达到了350亿吨，占澳大利亚90%的总储量，平均品位达到55%以上。

但汉库克很快就失望了，因为当时所有的专家与政府根本就不相信一个只上过中学的农场主居然还能发现如此高品位的超大型富矿。因为此前所有专家都早已确信澳大利亚是铁矿资源贫瘠的国家，认为铁矿储量不会超过2.5亿吨，为了保证未来能自给自足，在1938年就严控铁矿开采权，并强令禁止出口。

汉库克不言放弃，经过长达8年的努力，于1960年最终还是获得了政府颁发的皮尔巴拉地区的特许开发权，随后他便苦苦寻求投资人。在无数次的碰壁后，直到 1962 年，半信半疑的力拓才决定开发一试，最终给力拓带来了超预期的惊喜。继力拓领路后，必和必拓也跟随其后，逐步展开了在皮尔巴拉地区的开采投资。

同样还是在皮尔巴拉这片“王地”上，2003 年才成立的福蒂斯丘，创造了矿业开发的奇迹，仅仅用了不到 5 年的时间，就完成了大型矿山开发需要 10 年才能走完的路。不仅如此，福蒂斯丘还是全球第一个采取远程控制的矿山，所有开采运营控制中心均设在远离矿区的珀斯总部，矿山完全实现自动化，包括无人驾驶卡车、自动钻探采矿、脱水遥测控制等，是全球目前生产效率最高、生产安全系数最高的现代化大型矿山。自 2008 年初投产后，福蒂斯丘就以“后起之秀”的身份，迅速登上了全球第四大矿山的宝座。至此皮尔巴拉地区“三分天下”的格局形成。

据说在巴西“哪里的山上不长树，哪里就会有矿石”，这还真有几分道理。20 世纪 60 年代末，美国钢铁公司的一架直升机在亚马逊茂密的雨林飞行，当需要用附带的燃料加油时，费了很大的劲才在丛林中找到一块光秃秃的、红红的空地降落下来。直升机上的地质人员敏锐地发现自己降落在了铁矿床上，本能地采了样，拿回分析，惊喜地发现铁矿品位高达 66%。他们偶然发现了又一块铁矿“王地”，这就是位于巴西北部帕拉州的卡拉加斯铁矿区，也是目前全球最大的露天铁矿生产区。

卡拉加斯铁矿区的开采权没有像澳大利亚的皮尔巴拉地区被“三分天下”，而是由淡水河谷“独霸”。巴西的“铁四角”是淡水河谷较早开发的地区，随着大规模的开采，目前品质最好的赤铁矿已逐步减少，而后发现的卡拉加斯就成了淡水河谷“开疆辟土”的新领地。于 1970 年投资建设的卡拉加斯铁矿区，直到现在还在不断投资扩建，当前的年产量已占到淡水河谷总产量的 50%，仍是未来巴西铁矿产能扩张的主场。

现在如果要给这“四大家族”的生产能力进行定量表述的话，刚好可以用“234”来概述，即福蒂斯丘年产能约在 2 亿吨，力拓与必和必拓在 3 亿吨左右，淡水河谷则接近 4 亿吨。到 2018 年底“四大家族”产能大幅扩张的周期已经结束，依据现有在建项目规模及新建项目投入周期推算，至少在未来5年时间内全球铁矿新增产能不会有明显的增长，产能总量将进入一段相对平稳期。

小贴士

澳大利亚主要生产磁铁矿，矿的品质稳定，但含水量较大；巴西主要生产赤铁矿，品质更好，但硬度较低。

想一想

铁矿作为大宗商品，本应存在一定的市场竞争，“四大家族”之间是通力合作多些，还是相互竞争多些呢？

4. 一言为定的矿价

一般而言，大宗商品的价格水平总体上由供需决定，铁矿石也不例外。铁矿国际市场定价方式的演化，正是供需结构转化的结果，也是全球钢铁生产中心的变迁历程。

1950年以前，当代钢铁业的中心在欧美，自给水平相对较高，总体供需水平也长期相对稳定，全球的贸易需求较低，因此那时的铁矿以最直接的现货交易为主，价格变化也不大。

20世纪60年代，随着日本经济的腾飞，全球钢铁生产的中心转到了日本。日本铁矿资源贫乏，需要大量进口来满足日益增长的生产需求。历史如此巧合的是，恰好澳大利亚发现了皮尔巴拉地区丰富的矿石资源，进入前期投入开采期。铁矿石开采投入需要大量资金，而此时的日本钢厂需要的是大量的铁矿，所以双方各取所需，展开了紧密的合作。日本为澳大利亚矿山提供大量资金但不控股经营，矿山产出后有优先供应权。日本钢厂为了保证投入产出的铁矿能长时间源源不断地供给日本，同时澳大利亚矿山扩产的铁矿又不至于滞销，双方就你情我愿地签订了长达 15—20 年的长期供需协议合同，商定在前 5—7 年的时间内铁矿石价格保持不变，这就是后来“长协定价”的雏形。20 世纪 70 年代，欧美借鉴日本经验也开始签订大量的长期供需协议，此时的铁矿价格虽呈现上涨趋势，但总体幅度不大。随着全球铁矿需求的不断上升，矿山的定价话语权越来越大，价格协议的时效变得越来越短，价格开始节节攀升。

1980 年铁矿石年度“长协定价”机制形成，由全球主要矿山代表与主要钢厂代表每年谈判一次确定下一年铁矿年度合同的离岸基准价格，不管是产自哪里的铁矿，同品位同涨幅。最重要的是还形成了“首发”定价机制，即任一家钢厂与任一个三大矿山首次达成价格协议，其他钢厂与矿山则以此为基准跟随，不再谈判，因此年度“长协定价”也可以说是“一言为定”的矿价。

20 世纪 90 年代以来，伴随着中国钢铁工业的蓬勃发展，铁矿石全球供需格局再次发生了剧烈变化，中国国内矿石产量已无法满足钢铁生产的迅速扩张，从 2004 年开始，中国铁矿进口需求开始超过日本，成为全球铁矿石市场的最大买主，成为名副其实的“全球吸铁石”。2008 年的金融危机使得全球铁矿需求大幅下滑，而主要矿山的产能扩张仍在进行，供需偏紧的程度得到了很大缓解。在供需出现明显变动时，年度“长协定价”机制，弊端就越来越明显，因为这种机制忽略了一年内现货供需变化，一旦市场价格偏离基准价格，违约也会屡有发生。2009 年在日韩钢厂与三大矿山确认年度基准价格之后，中国凭借需求全球独好的优势，与福蒂斯丘（FMG）达成了低于基准价格的协议；2010 年中国则直接拒绝了三大矿山协定的年度基准价格，铁矿石长协年度定价就此破裂，转为采用季度，或与指数挂钩的月度定价模式。

延宕 30 年的“长协定价”机制打破后，铁矿石金融化速度也开始加快，2011 年 1 月，印度正式推出全球第一个铁矿石期货品种，即印度商品交易所（ICEX）和印度多种商品交易所（MCX）联合推出的以矿石指数价格结算的矿石期货（IOF），但各方的参与度很低，并不成功。2011年8月，新加坡商品交易所（SMX）推出全球第二个同样以指数结算的铁矿石期货合约，尽管参与度有所提高，但因不可实物交割，交易量与定价权仍然不高。而中国对铁矿石高度依赖进口、铁矿石的定价权相对较弱一直是中国钢厂的心头之痛。为此，中国也一直在为改善铁矿石定价权而努力。2013年10月18日可实物交割的中国铁矿石期货合约在大连商品交易所上市交易，上市后交易非常活跃，并很快为中国在铁矿市场的定价发挥了重要作用（见表3）。

表3　大连商品交易所铁矿石期货合约

项　目	合约内容
交易品种	铁矿石
交易单位	100吨/手
报价单位	元（人民币）/吨
最小变动价位	0.5元/吨
涨跌停板幅度	上一交易日结算价的4%
合约月份	1—12月
交易时间	每周一至周五上午9：00—11：30，下午1：30—3：00以及交易所规定的其他时间
最后交易日	合约月份第10个交易日
最后交割日	最后交易日后第3个交易日
交割等级	大连商品交易所铁矿石交割质量标准（F/DCE I001－2017）
交割地点	大连商品交易所铁矿石指定交割仓库及指定交割地点
交割方式	实物交割
交易代码	I
上市交易所	大连商品交易所

资料来源：大连商品交易所。

小贴士

大连商品交易所推出的铁矿石期货合约是以含铁量62%的进口粉矿作为交易标的，允许品质相近的粉矿替代交割。

想一想

为什么中国对铁矿石的需求如此之大，却与矿山议价的能力相对较小呢？

5. 海上巨无霸

2011年6月，一艘有10层楼高（长362米，宽65米，高30米），甲板面积相当于三个标准足球场，载重达40万吨级的铁矿运输船，正驶向此行计划目的地——大连港，但因种种原因并未获准在大连港靠岸，被迫转而驶向了意大利。这艘名为“Vale Brazil”号的海上巨无霸，只是淡水河谷于2007年提出的“大船计划”的开端，按计划淡水河谷将耗资42亿美元，建造35艘这样的海上巨无霸，组成从巴西向中国运输铁矿的超级舰队。

淡水河谷推出“大船计划”的直接动力就是：占全球铁矿石需求达60%左右的中国需求保持强劲势头，打造自己的巨型船舶可以通过增加单次运输量，以弥补距离中国较远的弊端，从而大大降低航运成本，增强市场竞争力。

为什么淡水河谷会不早不晚在2007年提出“大船计划”呢？这是因为全球铁矿石需求的增长，导致了铁矿石海运量的大幅增长，从而带动海运费持续攀升。运费的大幅上涨让淡水河谷的利润与销售竞争力大幅下降，直接影响了公司总体收益。2007年运费的大幅上涨同样也刺痛着中国市场的神经，特别是订了远期离岸价格的贸易商，受到了很大的影响，市场对海运价格的关注达到了空前的高度。

后来经过淡水河谷与中国国内多方的协调合作，直到2014年8月，40万吨级的巨轮终于可以陆续停靠在中国的青岛港、曹妃甸港、舟山港、连云港和大连港，而这些港口也正是进口铁矿石重要的转运集散地，所以这些港口的库存总量变化，对中国短期铁矿供需变化的判断有着重要的参考意义。

小贴士

淡水河谷“大船计划”最终未全能如愿，较多船只后来陆续转让给了中国企业，再签订协议返租给淡水河谷。

想一想

中国的钢铁或贸易商在签订铁矿贸易价格合同时，应该选择怎样的定价方式最为有利？

6. 年年都等飓风来

2017 年 1 月，澳大利亚珀斯热带气旋预警中心发出警报：一场飓风将要来袭。皮尔巴拉港口管理局也发出一份紧急声明，要求最大的铁矿运输港口黑德兰港（Hedland）疏散在外锚地停泊的船只，并要求港口内的船只在当地时间 5 点前撤出；另外一个主要运输港口丹皮尔（Dampier）港内船只在当地时间 6 点前撤出，以确保港口设施与人员安全。就在飓风预期到来的几天前，中国港口铁矿石现货短期上涨了近 7%。这样的价格上涨不无道理，所形成的更强的飓风和多雨天气，使得必和必拓一家的铁矿产量就较上季度下降了 11%。

由于南半球的海洋面积更大，且气候相对北半球温和，因此飓风也相对较多。南半球的飓风多发生于 1—3 月，尤以 1 月发生最多，这也是南半球国家的雨季。澳大利亚与巴西都地处南半球，特别是澳大利亚的皮尔巴拉矿区地处西海岸，受西太平洋的气候影响最大。当强风暴雨来临，往往会对矿区采矿作业、铁路运输线以及港口装船作业都会产生很大的影响，而中国进口矿的平均库存量平均只有三四十天，再加上此时国产矿的主产区处于冬季，产量受天气与春季的影响也会季节性地减少，一旦主要进口地的铁矿生产运输受阻 3 天以上，就会对中国铁矿市场价格产生较大的影响，因此每年的这个时段都需要关注可能突如其来的飓风；特别是在我国铁矿石期货上市交易后，飓风对期货价格的短期影响更为敏感。

小贴士

现在的气象预报基本都在相关网站实时呈现，人们一般可以提前预测正在形成的飓风变化情况，据此预判对铁矿主产区的影响。

（三）高炉的“主菜”——焦炭

焦炭成为当今炼铁高炉不可或缺的“主菜”，并不像铁矿作为“主食”是“铁定”的别无选择，而是经历不断替代与尝试后的“绝配”。

1. “生生不熄（息）”的焦炉

古代中国人很早就会使用优质的煤替代木炭炼铁，推动了一次炼铁技术的进步，但直接用煤炼铁也存在一些天然缺点。因为煤在炼铁炉内燃烧时很容易开裂破碎，影响炉体的透气性；即使是优质的煤与木炭相比，含硫及其他有害杂质也相对较高，会影响生铁的质量。中国人随后受到用木材加工木炭的启发，把煤（炼焦煤）在不完全隔绝空气的条件下，利用煤自身的燃烧加热炼成焦炭，再用焦炭来炼铁，可以说是扬长避短，既保留了煤的长处，又避免了煤的缺点。

据史料记载，中国使用焦炭炼铁的历史至少可以追溯到明代，是世界最早使用焦炭炼铁的国家，但受当时经济发展水平的限制，炼焦生产一直采用手工作坊型的经营方式，真正推动焦炭大量产业化生产的，是名为亚伯拉罕·达比（Abraham Darby）的英国人。他于 1709 年成功地利用焦炭炼出了高质量生铁。随后他的焦炭炼铁技术迅速在欧洲和北美洲传播开，焦炭的需求开始大幅增加。炼焦炉如雨后春笋般出现，呈拱形的土焦炉大多连成片，建在山坡上，有时多达数百孔，远看酷似蜂窝，被形象地称作“蜂窝焦炉”，这是早期形成产业化生产的炼焦炉，所炼出来的焦炭就是已被逐步淘汰的“土焦”。

早期的土焦炉构造简单，成本极低，容量小，周期长，燃烧效率低。随着炼焦技术的改进与提高，机械替代了人工填装与扒焦，焦炉容积也越来越大，还通过改变加热方式做到了完全隔绝空气干馏炼焦，先后出现了现今主要的两类大型焦炉：顶装式机械焦炉与捣固式机械焦炉，所生产的焦炭就是现在所谓的“机焦”，质量也有了本质性的提高。按照不同的质量指标要求，把机焦细分成特级焦炭、一级焦炭、准一级焦炭与二级焦炭。2011 年 4 月，中国大连商品交易所上市的焦炭标准品就是准一级焦炭。

现代焦炉已是容积大、结构复杂的大型生产设备，炼焦周期也大幅缩短至二十几个小时，因此生产效率与早期的土焦炉相比早已是天壤之别，但与之相对应的是焦炉的建造工艺与成本也不可同日而语。现在新建一座现代焦炉一般需要近 1 年的时间，且投产后就只能“生生不熄（息）”。现代焦炉不能停熄，是因为焦炉主体结构的内部是用多种耐火砖砌成的墙体（一座中小规模的焦炉耐火砖使用量达到 8 000 吨以上），耐火砖一旦升高到一定的温度后，就不能有明显的降温，否则会使焦炉墙体出现裂缝，无法使用，而更换耐火砖从一定程度上差不多相当于再次新建焦炉，产生成本较高。焦炉“生生不熄（息）”的特性，当遇到焦炭需求明显下降或产量明显过剩时，想通过供给调节，以实现供需的再平衡，就很被动。

中国近代第一座炼焦炉于 1919 年在辽宁鞍山诞生，后在战火中曾遭破坏一度熄灭，新中国成立后修复重启，从此新中国炼焦产业的发展也开始“生生不熄（息）”。1957 年起开始自己独立设计建造，至 1970 年中国炼焦炉的建造已达到较高水平。随着中国的改革开放，炼焦产业也进入一个快速发展期，到 1991 年中国的焦炭产量超过苏联，首次跃居全球第一位，并延续至今。焦炭生产不仅可以自给自足，中国甚至一度成为全球最大的焦炭出口国。

小贴士

现代焦炉建成投产后，一般能够连续生产（炉龄）25 年左右，部分焦炉在操作与维护好的情况下可达 30 年以上。

2. 自西向东，从北到南

尽管中国的焦炭生产能够自给自足，但炼焦与炼铁产业的供需分布存在较大的区域性差异。2017 年焦炭生产大省山西，占全国产量近 20%，而炼铁量仅占全国产量的 5% 左右；陕西省焦炭产量占全国产量近 10%，而炼铁量占比不足 2%；炼铁最多的河北省，炼铁量占全国约 25%，而焦炭产量占全国仅 11%；炼铁大省江苏，炼铁量占全国约 10%，而焦炭产量占全国不足 5%。因此中国焦炭的贸易流向上就形成了“自西向东，从北到南”长距离流通的大格局（见表 4、表 5）。

表 4　2017 年中国焦炭生产排名前十位省份产量、占全国比重

排名	地区	焦炭产量（万吨）	占比（%）
1	山西	8 383. 10	19. 43
2	河北	4 813. 80	11. 16
3	陕西	4 050. 40	9. 39
4	山东	3 934. 10	9. 12
5	内蒙古	3 046. 40	7. 06
6	河南	2 290. 80	5. 31
7	辽宁	2 215. 60	5. 14
8	江苏	2 060. 20	4. 78
9	新疆	1 590. 60	3. 69
10	四川	1 072. 20	2. 49

资料来源：国家统计局。

表 5　2017 年中国生铁生产排名前十位省份产量、占全国比重

排名	地区	生铁（万吨）	占比（%）
1	河北	17 997. 27	25. 32
2	江苏	7 131. 97	10. 03
3	山东	6 561. 71	9. 23
4	辽宁	6 121. 87	8. 61
5	山西	3 951. 86	5. 56
6	河南	2 702. 57	3. 80
7	湖北	2 401. 29	3. 38
8	安徽	2 265. 43	3. 19
9	江西	2 143. 19	3. 02
10	广东	2 024. 48	2. 85

资料来源：国家统计局。

焦炭“自西向东”主要是由主产地山西与陕西等地，以铁路为主、公路为辅，向河北及周边主要需求地运销；“从北到南”是将山西与陕西及北方省份的焦炭，先通过铁路与公路运送到唐山、青岛、天津、日照与连云港等东部港口，再由水路转运至江浙沪及其他南方地区，或出口国外。

不管是自西向东，还是从北到南，运输距离都比较远，所以除了供需的主因外，运力与运费的变化也会对焦炭消费地的价格产生影响。2016 年出现过的汽运量突然减少，就曾激起焦炭市场不小的波澜，导致焦炭消费地价格短期大幅上涨。2016 年 9 月 21 日，为了保证公路交通运输安全，号称“史上最严治超”措施正式实施，交通部联合公安部等五部委上路从严执法，对驾驶货车超载 30% 上的记 6 分，最高罚款 3 万元。新规一出使得原本靠超载才能赚钱的汽运市场陷入困境，有很多车主选择了暂时停运。运量的突然下降，让消费地焦炭价格短期直接跳涨。同样因运输距离较远，北方冬季易出现连续冰冻雨雪的天气，也会对短期的供给产生影响，钢厂为了保证生产，往往会抬高价格鼓励运输。

正是由于中国焦炭贸易流通的特点，东部的几个港口成为焦炭的主要贸

易集散地，所以在2011年4月大连商品交易所推出焦炭期货交易时，所确定的现货交割地除了少数几个炼焦企业外，主要的交割地就为东部转运的青岛、天津、日照与连云港等几个港口（见表6）。

表6　　大连商品交易所焦炭期货合约

项　目	合约内容
交易品种	冶金焦炭
交易单位	100吨/手
报价单位	元（人民币）/吨
最小变动价位	0.5元/吨
涨跌停板幅度	上一交易日结算价的4%
合约月份	1—12月
交易时间	每周一至周五上午9：00—11：30，下午1：30—3：00以及交易所规定的其他时间
最后交易日	合约月份第10个交易日
最后交割日	最后交易日后第3个交易日
交割等级	大连商品交易所焦炭交割质量标准
交割地点	大连商品交易所焦炭指定交割仓库
最低交易保证金	合约价值的5%
交割方式	实物交割
交易代码	J
上市交易所	大连商品交易所

资料来源：大连商品交易所。

小贴士

在焦炭陆路运输中，铁路适用于运距在500—1 500公里的长距离运输，公路比较适合运距在500公里以内的运输。

3. 腹背受压的独立焦化厂

独立焦化厂是相对钢厂自有的焦化厂而言，其存在的空间主要是弥补钢厂自有焦化厂生产能力的不足。大多数独立焦化厂都是随着中国钢铁行业的快速发展（1991—2008 年）而诞生的。在目前全国焦化约 6.5 亿吨的总产能中，独立焦化厂占比达到 2/3 之多，相比欧美、日本钢厂基本配套自有焦化厂的产业结构，可以说是独具中国特色。

钢厂的焦化厂所生产的焦炭仅为了满足自有高炉炼铁的需求，其产出的焦炭一般不进入市场贸易流通，这样中国焦炭市场的贸易主体就是独立焦化厂与有采购需求的钢厂。由于独立焦化厂多为民营资本，规模小且分散，焦炭的单一竞争较大；此外，大部分独立焦化厂也没有炼焦煤自给能力，原料成本控制能力低，因此抵御市场风险的能力相对较差，一旦遇到市场波动，极易受到上游煤企与下游钢厂的腹背挤压，陷入困境。2009 年上半年，受金融危机时国内与出口需求快速下降的影响，较多规模较小的独立焦化厂，熄炉停产，从此退出市场，“再无生还”。此后在 2015—2016 年由于中国宏观经济减速，需求下降，再加上国内环保要求加强，又出现了一次小规模独立焦化厂集中关停现象。从整个产业的角度看，两次独立焦化厂的集中退出，大大改善了焦炭产能相对钢厂需求过剩的格局。

独立焦化厂的腹背挤压还体现在资金层面上。焦化厂在向炼焦煤生产企业采购原料时一般需要先付款后拿货，而把焦炭销售给钢厂时一般是先供货后结款，回款周期较长，也存在很大的价格波动风险。从价格波动与避险需求的角度看，中国独立焦化厂特有的市场结构与所面临的市场风险，也正是中国能够成功开展焦炭期货交易的立足之本。2011 年 4 月，焦炭期货在大连商品交易所成功上市后，为焦化厂、钢厂和贸易商均提供了很好的、新的避险工具。

小贴士

旭阳集团是目前全球最大的独立焦化厂，其焦炭年产达 1 000 万吨以上，约占全国焦炭有效总产能的 15%。

4. 焦化厂的“三大宝贝”

焦炉煤气、煤焦油、粗苯现在已成为焦化厂的“三大宝贝”。这三大宝贝来自炼焦煤在隔绝空气高温加热、达到熔融状态时裂解所产生的焦化副产品。其中可回收利用且价值较高的就是焦炉煤气、煤焦油、粗苯。一般每生产出 1 吨焦炭需要 1. 32—1. 45 吨的炼焦煤，同时可产出 400 立方米左右的焦炉煤气、大约 46 千克的煤焦油及 12. 5 千克上下的粗苯，焦炭副产品及附加化工产品对生产成本的抵扣达到 10%—30%（见表 7）。

表 7　　焦炭生产主要成本构成

主要成本构成	占比（%）	包括内容
焦煤成本	75—90	一般为 5 种炼焦煤
制造成本	10—25	煤气可再利用
运输成本	4—8	矿区和港口煤运输成本
期间费用	3—5	财务管理和销售费用
副产品抵扣	10—30	焦炭副产品和附加化工产品

资料来源：恒泰期货，恒泰盈沃。

在早期焦炭市场供需结构较好、生产利润可观时，很多中小规模的焦化厂对副产品回收利用的投入动力不足，大部分被“视而不见，放任自流”。所产生的焦炉煤气，除不到一半被用于自身加热炼焦外，其余的大多被点了“天灯”，排向空中，其他副产品则“悄无声息”地直接排放，不仅造成了浪费，还严重污染了环境。

后来随着焦化厂生存条件的每况愈下，焦化副产品才被“关怀备至”，成为贴补生产利润的重要来源，所以目前绝大部分焦化厂都已具备对副产品回收的能力，对副产品附加利用的产业链也在不断延伸。这是焦化厂，特别是独立焦化厂，在延长上下游产业链都不占优势的困境下，通过延伸自身的附加产品线来改善生存条件的重要选择。焦化副产品也成为估算生产利润的重要组成。

小贴士

烟尘也是炼焦炉生产时的主要污染，在装煤、推焦及熄焦时，吨焦产生的烟尘量会达1公斤以上。按此推算，一个日产焦炭万吨的焦化厂，每天会产生10吨多的烟尘，如果任其排放，会对当地环境造成严重危害。

（四）焦炉的“主食”——焦煤

炼焦煤简称焦煤，主要用于生产焦炭，是焦炉的“主食”。每生产1吨焦炭一般需要1.3吨左右的炼焦煤。

1. 煤中的贵族

煤是由远古时代的植物堆积，经过漫长而复杂的过程转变而来。根据植物煤化程度及形成时长排序，总的可以分为褐煤、烟煤、无烟煤，其稀缺性由低到高。如果说相对稀有的无烟块煤为煤中的“皇族”，那么属于烟煤精品的炼焦煤则是煤中的“贵族”。

不是所有的煤都可用来炼焦，被称为炼焦煤。炼焦煤是指具有一定的黏结性，能够结焦成炭的烟煤。炼焦煤包括主焦煤、肥煤、1/3焦煤、瘦煤、气煤等煤种，其中主焦煤、肥煤和1/3焦煤各有所长，是炼焦的骨架性煤种，是炼焦煤的主角，没有这三类为基础原料，就很难炼出高质量的焦炭。在保证焦炭基本质量要求的基础上，为了降低生产成本，在炼焦时可加配适量的瘦煤与气煤。

中国是全球最大的炼焦煤生产国，占据着较大的全球市场主导地位，中国炼焦煤的供需格局直接影响着全球市场的价格变化。2013 年 3 月大连商品交易所焦煤期货交易的推出，则进一步确定了中国焦煤的市场地位。值得注意的是，焦煤期货交易标准品为优质的主焦煤与肥煤，且与其他黑色商品有所不同的是，交割替代品的品质只能优于标准品，而不得劣于标准品（见表 8）。

表 8　　大连商品交易所焦煤期货合约

项　目	合约内容
交易品种	焦煤
交易单位	60 吨/手
报价单位	元（人民币）/吨
最小变动价位	0.5 元/吨
涨跌停板幅度	上一交易日结算价的 4%
合约月份	1—12 月
交易时间	每周一至周五上午 9：00—11：30，下午 1：30—3：00 以及交易所规定的其他时间
最后交易日	合约月份第 10 个交易日
最后交割日	最后交易日后第 3 个交易日
交割等级	大连商品交易所焦煤交割质量标准（F/DCE JM001－2018）
交割地点	大连商品交易所焦煤指定交割仓库
最低交易保证金	合约价值的 5%
交割方式	实物交割
交易代码	JM
上市交易所	大连商品交易所

资料来源：大连商品交易所。

小贴士

焦煤的形成过程需要上亿年，优质的主焦煤在全球都属于稀缺资源。

想一想

炼焦煤用于炼焦时对黏结性、灰分、硫分都有一定的质量要求，那么炼焦煤的质量如何检测？

2. 曾让日本垂涎欲滴的山西

1936年的一个夏日，“山西王”阎锡山突然接到当年在日本士官学校读书时的同学、日本关东军参谋长板垣征四郎的来信。板垣在信中谈到，自己素来崇佛，打算利用休假到五台山进香，顺便拜会一下阎长官。为了不过多“打扰”同学，板垣亲自规划入晋路线，以观赏沿途山水为借口，选择了骑马“旅行”。身为日军有名的“中国通”，板垣“游历”山西显然没安好心。1937年，日军侵占平津之后，并未顺势全力攻占山东和河北等地南下，而是转而向西，重兵全力进攻山西。让日本如此兴师动众、垂涎欲滴的正是山西丰富的煤炭资源。放眼山西，可谓“遍地皆煤，一应俱全”，山西九十余县中，有五十余县产煤，且从普通的动力煤、优质的炼焦煤到上等的无烟煤，应有尽有。

山西作为中国最大的炼焦煤生产省，产量约占全国产量的40%以上，也是炼焦煤的主要输出省；其次是山东省，约占11%。中国的炼焦煤供需分布基本与焦炭相似，贸易运输也与焦炭基本重叠，一样有着“自西向东，从北到南”远距离流通的大格局，只不过主产地山西的焦煤有部分“就地成焦”后，再以焦炭的形式销往主要消费地，从一定程度上减小了运输的压力。

小贴士

山西省古交、临汾、吕梁、晋中是中国主要的炼焦煤生产地。

3. 炼焦煤的进口替代

中国是全球最大的炼焦煤生产国，也是最大的消费国，2008 年后需要明显增大焦煤进口才能满足国内日益增长的消费需求。

中国炼焦煤资源需求量大，且各煤种资源的储量不均衡，其中需求最大的主焦煤占比相对较小，只有 24% 左右。2008 年，为治理国内中小煤炭企业开采秩序混乱、资源浪费严重等问题，有关部门开始对中国主要焦煤产区山西省的中小煤矿进行关停整顿，造成约 1/3 的产能关闭，这其中就包括很多炼焦煤生产企业，这也成为中国炼焦煤产能高峰的分水岭，此后中国炼焦煤的产能进入相对平稳期。随着中国钢铁生产需求的大量消耗，主焦煤供给偏紧的局面越发明显。东部和南部沿海地区钢厂凭借着港口运输优势，目前大量进口较为优质的主焦煤，与国内相对丰富的其他煤种搭配使用。

澳大利亚的焦煤资源非常丰富，主要分布在东部沿岸的新南威尔士州和昆士兰州，是仅次于中国的第二大炼焦煤生产国。与铁矿相似，由于其本国钢铁生产耗煤较少，产量的 90% 以上用于出口，是中国炼焦煤最大的进口来源国，因此焦煤期货市场对澳大利亚的生产与出口情况也尤为关注（见图 2）。

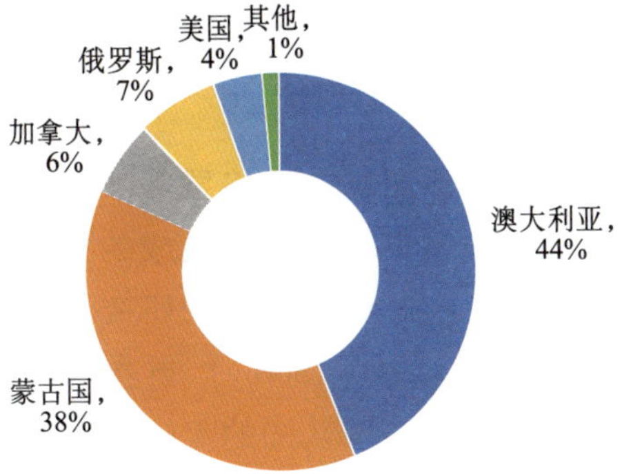

图 2　中国炼焦煤主要进口国占比

资料来源：中国海关。

除澳大利亚外，蒙古国也是中国焦煤进口的重要来源地。蒙古国炼焦煤主要通过中蒙边境汽运进入中国，但由于进口的是原煤，还需要在边境或内陆邻省的洗煤厂进行洗选。扣除运输和洗选损耗，实际有效进口约为总进口量的65%左右，其炼焦煤的品质上也低于澳大利亚。

小贴士

澳大利亚炼焦煤生产企业主要为必和必拓（BHP）、力拓（RioTinto）、嘉能可（Glencore）与英美资源（Anglo American）。

（五）炼钢的“调味料”——铁合金

早期的钢铁主要成分为铁和碳，钢铁性能的差异主要依靠对碳含量与加工工艺的不同来调节。碳的增减如同食盐只调节咸淡，口味显得单一。如果说19世纪中期转炉的发明让钢铁的大量生产使用成为可能，那么随后铁合金的加入，则让钢铁的用途有了千变万化，极大地拓展了钢铁应用领域的广度与深度，是调节钢铁产品不同口味需求、不可或缺的“调味料”。

1. 调味“三兄弟”

转炉炼钢问世后，钢铁产量大增，价格显著下跌，又正好处于大量兴建铁路时期，铁轨用量猛增，但因铁轨断裂而造成的事故也屡见不鲜。为了究其原因，专家们加强了对钢铁内部组织结构的研究。其中具有里程碑意义的是，1860年英国科学家索尔拜（H. C. Sorby）首次用高倍显微镜观察钢铁切面，从而打开了对钢铁微观组织结构认知的大门，为铁合金用于改善或提高钢铁不同方面的性能，提供了准确而有效的科学指引。

铁合金是由一种或几种元素与铁元素结合的合金化合物，是现代炼钢必备的辅料，使用量占吨钢产量的2%—4%（20—40千克）。根据炼钢的不同要求，铁合金品种也有上百种之多，其中硅、锰、铬三大系列铁合金的产量最大，约占铁合金总产量的90%以上，所以将硅、锰、铬称为“调味‘三兄弟’”，实至名归。由于“三兄弟”提纯的难度大、成本高，以铁合化物的形式使用，其作用与纯品几乎无差别，使用成本也大幅降低，所以“调味‘三兄弟’”大多以硅铁、锰硅、铬铁等合金的形式存在与使用。

铁合金起初只是作为脱氧剂使用，用于脱去炼钢时多余的氧。现在炼铁时最常用的脱氧剂是硅铁和硅锰合金，2014年8月郑州上市交易的铁合金期货交易品种正是这两种合金。不仅如此，在加入铁合金炼钢后，通过对钢铁微观组织结构的研究发现，留存在钢铁中的合金元素，还调整了钢的化学成分，改善、提高了钢铁物理性能，所以铁合金还可以作为合金剂使用。其中，有效成分锰可以增加钢的强度与硬度，在炼钢中的作用无人能替，有着“无锰不成钢”之说；硅能提高钢的弹性与抗拉性，还能让钢的导磁性增强；铬可使钢具有良好的抗腐蚀性与耐磨损性，是生产不锈钢的重要原料。

硅铁目前应用最广的是FeSi75-B的硅铁，简称72#硅铁；锰硅应用最广的是FeMn68Si18锰硅铁，简称6818#锰硅；铬铁应用最广的则是FeCr55C800，简称Cr60铬铁。在郑州商品交易所上市交易的硅铁和锰硅，标准交割品则为以上两种应用最广的品类（见表9、表10）。

表9　郑州商品交易所硅铁合金期货合约

项　目	合约内容
交易品种	硅铁
交易单位	5吨/手
报价单位	元（人民币）/吨
最小变动价位	2元/吨
合约交割月份	1—12月
每日价格波动限制	上一交易日结算价±4%及《郑州商品交易所期货交易风险控制管理办法》相关规定

续表

项　目	合约内容
最低交易保证金	合约价值的5%
交易时间	每周一至周五（北京时间，法定节假日除外） 上午9：00—11：30，下午1：30—3：00以及交易所规定的其他交易时间
最后交易日	合约交割月份的第10个交易日
最后交割日	合约交割月份的第13个交易日
交割品级	见《郑州商品交易所期货交割细则》
交割地点	交易所指定交割地点
交割方式	实物交割
交易代码	SF
上市交易所	郑州商品交易所

资料来源：郑州商品交易所。

表10　郑州商品交易所锰硅铁合金期货合约

项　目	合约内容
交易品种	锰硅
交易	5吨/手
报价单位	元（人民币）/吨
最小变动价位	2元/吨
合约交割月份	1—12月
每日价格波动限制	上一交易日结算价±4%及《郑州商品交易所期货交易风险控制管理办法》相关规定
最低交易保证金	合约价值的5%
交易时间	每周一至周五（北京时间，法定节假日除外） 上午9：00—11：30，下午1：30—3：00以及交易所规定的其他交易时间
最后交易日	合约交割月份的第10个交易日
最后交割日	合约交割月份的第13个交易日

续表

项　目	合约内容
交割品级	见《郑州商品交易所期货交割细则》
交割地点	交易所指定交割地点
交割方式	实物交割
交易代码	SM
上市交易所	郑州商品交易所

资料来源：郑州商品交易所。

小贴士

由于锰硅合金兼具锰合金与硅合金的性能，生产成本也比较接近，因此锰硅合金的生产与应用更多。

2. 铁合金企业的立足之本

由于铁合金当初主要是作为炼钢时脱氧剂使用，所以一开始对铁合金的品种与品质要求并不高。最初是利用生产工艺与炼铁基本相同的高炉来生产硅铁、锰铁、铬铁等高碳低品（合金含量）的铁合金。法国人普尔塞尔（A. Pourcel）是铁合金高炉工业生产的先驱。随着钢铁用途与质量要求的不断提高，高炉法生产的铁合金越来越不能满足钢铁的实际需求。在电力工业诞生后，从1890年开始，法国穆瓦桑（Moissan. Henri）等人利用电炉，先后生产出了高品质的硅铁、锰铁、铬铁等铁合金，开创了电炉法生产铁合金的先河，并延续至今。当今电炉法已基本取代了高炉法，成为铁合金主要的生产方法。

铁合金电炉与炼钢电炉结构存在一定的差别，但基本原理大同小异，都是将电极（通常石墨）插入炉内，通电后利用电弧热进行冶炼。由于冶炼铁合金时需要大量的热，所以也就需要大量的电，是用电大户。因此除了原料外，丰富而价廉的电力资源是铁合金企业建厂生产的“立足之本”。

从历史上看，法国是早期铁合金的主要生产国，20 世纪八九十年代挪威成为最大铁合金输出国，它们都是以当地丰富的水电资源为基础。中国铁合金生产主要集中在广西、内蒙古、贵州、湖南、四川、宁夏等电价相对较便宜的地区，2017 年这 6 个地区的铁合金产量达 1 760 万吨，约占中国铁合金总产量的 54%，是中国铁合金现货供应及期货市场重点关注的地区。

小贴士

一般要求不高的高碳铁合金，如硅铁、高碳锰铁、锰硅合金、高碳铬铁用还原电炉（矿热炉）法生产，而要求更高的低碳铁合金则用精炼炉法生产。

3. “比武招亲”的市场

总体而言，钢厂占据铁合金定价的主导地位，在郑州商品交易所铁合金期货还没有上市交易前，“比武招亲”式的招标采购是国内铁合金市场的主要定价模式。一般情况下，钢厂根据生产需要，不定期地向铁合金生产企业或销售商进行招标采购，招标价格主要由钢厂决定，“比武者”则只能结合市场及自身的生产经营情况，决定是否接受钢厂的招标价格，或更低价竞争。最终质优价廉的胜出者与钢铁厂签订买卖合约。钢厂还往往采取货到付款、信用证、承兑汇票等延期付款的方式进行交易，这对中标者较为不利。因此，硅铁与锰硅铁合金期货的推出，对铁合金供给端企业在市场定价权的平衡与规避风险方面的作用不言而喻。

小贴士

钢厂一般按照旬或月度对铁合金进行招标采购。

（六）钢铁大国的崛起

中国钢铁工业的崛起，经历了从清朝时期的艰难起步、曲折徘徊，到新中国成立后的步履蹒跚、开拓向前；从改革开放后的大步流星、日新月异，到如今的功成名就、跻身世界。中国钢铁工业崛起的历程，沉淀了几代人矢志不渝的精神及近百年锲而不舍的努力。

1. 中国的钢铁梦

毛主席曾说过，一个粮食，一个钢铁，有了这两样东西就什么都好办了。农业以粮为纲，工业以钢为纲是毛主席的言下之意。钢铁工业是现代工业发展的基石，没有钢铁，国家的工业化就无从谈起。纵观英国、德国、美国、日本等发达国家工业化发展的历史，无一例外。中国自鸦片战争后几经屈辱，这激发了中国工业强国之路，也孕育了中国现代钢铁梦。

位于今天武汉市汉阳区晴川阁的不远处，仍留存着一座早已废弃的钢厂专用码头，当年的钢厂已无处寻觅，只有江水还在拍打着码头，似乎仍在诉说着中国首个现代钢厂的历史沧桑，告诉世人这里曾是中国现代钢铁梦开始的地方。1890 年，时任湖广总督的张之洞，从英国购买了现代钢铁生产设备，开始兴建中国首个现代钢铁企业——汉阳铁厂。然而 1894 年钢厂建成投产后，因所购设备并不适合国内含磷高的铁矿生产，钢铁产量与质量都很不理想，投产三年只生产了 5 600 吨生铁和 400 吨的钢，大部分时间处于停产状态，与年产 6 万吨钢铁的投建规模相差甚远，可谓“学无所成，恨铁不成钢”。1914 年第一次世界大战的爆发，导致西方无铁东运，这促使中国钢铁有了一段瞬息即逝的“繁荣”。在此期间，日本也乘欧洲列强无暇东顾之时，加紧对中国钢铁资源的掠夺。这段时期，中国的钢产量有了短暂的提升。但好景不长，第一次世界大战结束后，西方钢铁又重新回到中国市场，中国钢铁面对西方钢铁质优价廉的竞争，毫无还手之力，钢铁工业开始衰退，大部分钢厂停工歇业。到抗战爆发前，中国钢年产量仅 3 万吨左右，还不及“繁荣”前的水平。抗战爆发后，中国钢厂除部分内迁外，其余均被日本占领，中国钢铁工业在背负着民族生死存亡中艰难残喘，直到新中国成立。

新中国成立初期，中国钢铁虽然全力恢复了以东北鞍钢、本钢为主的日本留存钢厂的生产，再加上随后几年的小规模扩建与新建，中国钢铁年产量从十几万吨快速提升到百万吨以上，但产量占全球的比例仍不足 1%。中国钢铁工业具有里程碑意义的是 1956 年中国冶金工业部的成立。这标志着中国钢铁系统性的统筹建设全面开启，“三大、五中、十八小”钢厂的规划建设远见，更是奠定了当今中国钢铁工业分布的基本格局，在 10 年左右的时间内将中国钢铁年产量从百万吨级推向了千万吨级。尽管后来中国钢铁的发展有过“村村点火，户户冒烟”式全民大炼钢的癫狂，也有过“失去的 10 年”（“文化大革命”）中驻足不前的坎坷，但中国的钢铁大国梦从未丢失，改革开放的春风同样吹动了中国钢铁航行的风帆。1978 年以宝钢为代表的大型钢厂拔地而起，将中国百年钢铁大国梦一步步变为现实。1996 年，中国钢铁年产量突破亿吨，占全球产量达到 13.4%，并超越日本成为全球钢铁第一生产大国，完成了中国钢铁工业的崛起。中国冶金工业部在中国钢铁大国梦成真后，也完成了自己的使命，于 1998 年退出了历史的舞台。而随后中国的钢铁工业发展并未止步，绝大多数钢材品种不仅能满足国民经济发展与国防建设的需求，还转而成为全球竞争的强者，中国已前行在从钢铁大国转向钢铁强国的道路上。

小贴士

“二五”时期我国确立的钢铁工业发展规划是“三大、五中、十八小”。其中，“三大”是指继续进行鞍钢、武钢、包钢三个大型钢铁基地建设；“五中”是指扩建、新建五个中型钢铁企业，即扩建太钢、重钢、马钢、石景山钢铁厂，新建湘钢；“十八小”则是指新建十八个小型钢厂，即邯钢、济钢、临钢、新余、南钢、柳钢、广钢、三明、合钢、长特、八一、杭钢、鄂钢、涟钢、安钢、兰钢、贵钢、通钢。

想一想

中国现在已是全球钢材生产与出口最多的国家，但为什么每年都会有1 000多万吨的钢材进口量？

2. 为何钢厂要成为钢铁巨人

钢铁行业是典型的规模经济行业，其根源是钢铁生产是典型的流程制造业。流程制造业随着生产规模的扩大，产量的增速一般会超过生产投入的增速，从而使得平均生产成本下降，即用规模扩大带动生产效率提高，因此钢铁企业生来就有能成长为“巨人”的基因。被誉为“美国钢铁大王”的传奇人物——安德鲁·卡内基（Andrew Carnegie）是首位激发钢铁巨人基因的实践者与受益者。1865年，年仅30岁的卡内基在位于美国宾夕法尼亚州西南部的匹兹堡，创办了他的首个钢铁厂，开启了他的钢铁人生传奇。卡内基的钢铁厂建成投产后，凭借着规模效应，赚取了超额利润。随后又不断投入资金扩大再生产，使得规模生产效应不断显现。此外，他还利用生产技术与管理制度等无成本复制原理，通过区域性地兼并周边钢厂后再改造扩建，使他的钢铁公司成为当时美国乃至全球的钢铁霸主，并维持了几十年。后来，美国著名投资银行家J. P. 摩根（John Pierpoint Morgan Sr）将美国钢铁规模经济效应发挥到了极致，先后兼并重组了包括卡内基钢铁公司在内的全美3/5的钢铁企业，成立了现今的美国钢铁公司，彻底解决了分散经营带来的过度竞争的弊端，也一度获得了极大的规模垄断利润。事实上不仅是美国，后来的日本、韩国的钢铁企业发展中，都无一例外地印证了钢铁规模经济的力量（见表11）。

表 11　　2017 年全球前 10 位钢铁公司产量及排名与全球产占比

排名	公司名称	粗钢产量（万吨）	总部所在地	占比（%）
1	安赛乐米塔尔（ArcelorMittal）	9 703	卢森堡	5. 69
2	中国宝武钢铁集团（China Baowu Group）	6 539	中国	3. 84
3	新日铁住金（Nippon Steel and Sumitomo Matal Corporation）	4 736	日本	2. 78
4	河钢集团（HBIS Group）	4 556	中国	2. 67
5	浦项制铁（POSCO）	4 219	韩国	2. 48
6	沙钢集团（Shagang Group）	3 835	中国	2. 25
7	鞍钢集团（Ansteel Group）	3 576	中国	2. 10
8	JFE 钢铁（JFE Steel Corporation）	3 015	日本	1. 77
9	首钢集团（Shougang Group）	2 763	中国	1. 62
10	塔塔钢铁集团（Tata Steel Group）	2 511	印度	1. 47

资料来源：世界钢铁协会。

值得一提的是，如今全球最大的跨国钢铁生产公司——安赛乐米塔尔，在年产能达到亿吨级别后，仍不失规模经济的效益。也就是说到目前为止，钢铁行业似乎还未找到经济学理论上的规模扩大到一定程度后，会出现规模不经济的临界点。纵观全球，这个临界点或许只有在未来的中国才能找到，这是因为中国的钢铁年产量虽然已占全球近 50% 以上，但排名前 4 位的企业合计产量占全国比重（产业集中度）仅为 21. 9%，相比美国、日本及韩国达到 70% 或以上的水平还有很大的提升空间。可以预见的是，在中国已进入工业化后期的大背景下，随着钢材总体需求增速减缓，未来中国钢铁规模经济的驱动力将会越来越强，成本对价格的决定作用会增大。

此外，钢铁作为典型的规模经济行业，企业对固定资产投资较大，因而生产经营中的固定成本占比较高，一旦减产，规模经济效用就会减弱。所以在市场机制下，钢厂即便因供需变差进入亏损后，也往往只有当生产收益不能明显弥补固定成本损失时，才会主动选择大幅减产，以重新调节供需平衡。

这也是2014—2015年螺纹钢期货交易市场价格持续两年下跌的因素之一。

小贴士

2016年，宝钢与武钢合并成宝武钢铁，年产能达到6 600万吨，成为全球第二大钢铁企业。

想一想

目前我国产业集中度仍有很大的提高空间，哪些因素可能是阻碍提高的绊脚石？

3. 钢铁“华尔街”——唐山

在钢铁行业素有“世界钢铁看中国，中国钢铁看河北，河北钢铁看唐山”的说法。唐山作为重要的钢铁产业集聚地，影响着全球的钢铁市场，将其比作中国钢铁的“华尔街”一点也不为过。唐山是中国重工业的摇篮地，因煤而建，以钢为兴，地处环渤海经济区的中心地带，有港（海港），有路（铁路公路），有资源（铁矿），具备钢铁生产得天独厚的地理位置与资源优势。当前唐山钢铁的总产能达到1.3亿多吨，具有一定生产规模的钢铁冶炼企业多达40家，有160多座高炉，独立轧材企业则有220多家。全球每生产百吨钢铁，就有约7吨来自唐山，且产品形形色色，包罗万象，几乎涵盖了国内所能生产的钢材产品。

钢铁行业也是典型的资本密集型产业，钢铁的生产经营与贸易流通历来就存在着很大的金融需求。在钢铁相关商品期货推出后，探索利用期货市场提升管理经营水平的钢厂与贸易商越来越多。牵一发而动全身的唐山钢铁市场，更是期货参与者关注的焦点中的焦点。为了贴近市场，越来越多的期货投资公司、信息咨询服务公司或分支机构入驻唐山，金融投资的氛围与日俱增。

小贴士

“十一五”期间（2006—2010年），是唐山钢铁工业发展的鼎盛时期，被誉为唐山“最辉煌的年代”。

4. 要钢铁，也要蓝天

2004年6月29日，《北京日报》发表题为《本市昨出现少见雾霾天》的报道，“雾霾”一词首次出现在公众媒体中，空气质量问题开始逐步成为国家与社会切实关心的焦点。2008年7月，国家环境保护总局升格成为环境保护部。2013年1月1日，国家环境空气监测网正式运行，开始发布雾霾全国性预警。从这一年起，前所未有的全国环境防治的攻坚战开始打响，各项政策举措随之而来。

钢铁工业是我国工业领域的排污大户。根据2015年中国环境统计年报不完全调查统计，二氧化硫（SO_2）、氮化物（NOx）、烟粉尘等钢铁与焦炭生产所产生的主要空气污染物，分别达到210.1万吨、128.8万吨、385.5万吨，占所调查工业企业排放量的比例分别达到14.5%、11.3%、34.1%。由此可见，国家对钢铁工业空气污染高压防治成为重中之重也是情理之中。但钢铁生产仍不可或缺，要钢铁，也要蓝天。

借鉴美国与日本钢铁污染治理的成功经验，结合我国钢铁行业自身的特点，目前对钢铁行业的治理主要是两类方式并举：提高钢铁工业生产标准，直接淘汰不合规的落后产能；提高污染物排放标准，强制符合工业生产标准的企业增加或改进环保设备投入，以尽可能地减少污染。2016年全面推动的钢铁供给侧改革的重心就是以减少污染为抓手，推动落后产能淘汰，也使得螺纹钢期货市场价格快速“起死回生”。

小贴士

从 2017 年起，中国环保打破了省市内区域的藩篱，形成了跨省市大区域联合，2017 年的《京津冀及周边地区 2017—2018 年秋冬季大气污染综合治理攻坚行动方案》，涉及“2 + 26”城市，对产区及周边空气质量改善起到了很大作用。

（七）中国钢材市场的半壁江山

如果说石油是现代工业的血液，那么钢铁则是现代工业的骨架，那一炉一炉热气腾腾的钢铁，仍在铸就着中国发展的辉煌。螺纹钢与热轧卷板是其中的代表，占据着中国钢材市场供需的半壁江山。

1. 螺纹钢

（1）沙钢的快步人生路

“中国人不笨，外国人能做到的中国人也一定能做到！”这是 1989 年，沙钢的缔造者沈文荣用以鼓励新进大学生要以世界级钢铁企业为梦想的一句话，而此时的沙钢还是一个名不见经传的江南小厂。就在这一年，沙钢从英国比兹顿钢厂引进一套二手电炉炼钢与连铸连轧的螺纹钢生产线，仅用 23 个月就建成投产，并只用 2 年的时间，年产量就超过这条产线在英国用了 10 年才达到的 16 万吨的纪录，创造了首个让沙钢人引以为傲的沙钢速度。从此，沙钢紧紧跟随着中国建设需求的发展，以沙钢速度紧追世界，开启了快步发展之路。如今的沙钢螺纹钢年产能已在千万吨以上，不仅是中国最大的螺纹钢生产企业，也是世界级的大型钢铁公司，且连续多年荣登世界 500 强榜单。在螺纹钢与其他钢铁产业相关期货商品上市后，沙钢率先积极参与，成为利用期货市场功能组织生产经营的先行者与受益者。沙钢的发展过程，其实也是中国螺纹钢产能高速投建的缩影，中国螺纹钢年产量从1993年不足2 000万吨，至2013年超过2亿吨，产量增长了9倍，保持了长达20年的黄金期。尽管此后的增长速度明显放缓，但仍维持在2亿吨以上的高位（见图3）。

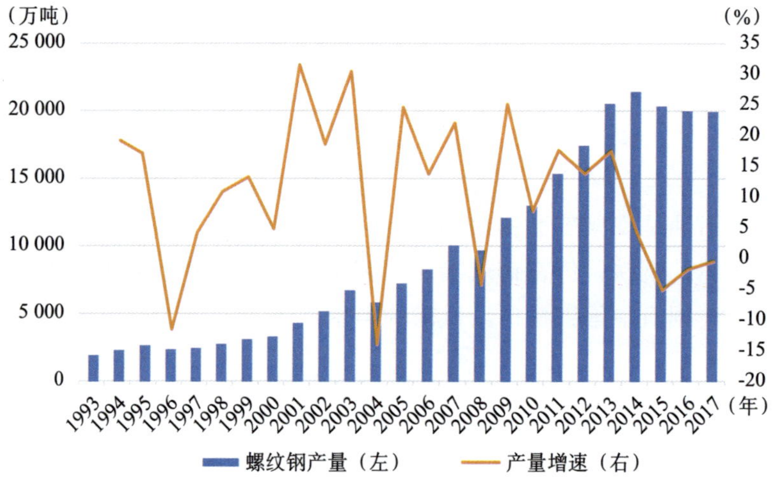

图3　中国螺纹钢年产量及增速

资料来源：世界钢铁协会。

由于螺纹钢生产线投资规模与生产技术要求都相对较低，产品附加值也相对较低，对销售运输距离成本有一定的限制，而全国各地都有较大的使用需求，因此中国螺纹钢生产企业较为分散，产业集中度非常低，是中国钢材竞争最为充分的市场。据不完全统计，全国目前具有螺纹钢生产能力的钢厂在200家以上，即便是产量最大的沙钢，占比也仅为5%左右。从地区分布看，以沙钢集团为代表的江苏省产量最大，紧随其后的是以河北钢铁集团为代表的河北省，然后是以马鞍山钢铁集团为代表的安徽省，但这前三省合计总量也仅占全国总产量的1/3左右。

螺纹钢市场竞争激烈，价格波动大，为满足钢铁生产与贸易企业在市场竞争中的避险需求，2009 年 3 月，上海期货交易所螺纹钢期货上市交易，并很快成为上海期货交易所成交量最大的期货合约，为发挥期货的市场作用产生了积极的影响（见表 12）。

表 12　　上海期货交易所螺纹钢期货合约

项　目	合约内容
交易品种	螺纹钢
交易单位	10 吨/手
报价单位	元（人民币）/吨
最小变动价位	1 元/吨
涨跌停板幅度	上一交易日结算价 ±3%
合约月份	1—12 月
交易时间	上午 9：00—11：30，下午 1：30—3：00 以及交易所规定的其他交易时间
最后交易日	合约月份的 15 日（遇国家法定节假日顺延，在春节月份等最后交易日，交易所可另行调整并通知）
交割日期	最后交易日后连续 5 个工作日
交割品级	标准品：符合国标 GB/T 1499.2－2018《钢筋混凝土用钢 第 2 部分：热轧带肋钢筋》HRB400 牌号的 Φ16mm、Φ18mm、Φ20mm、Φ22mm、Φ25mm 螺纹钢。 替代品：符合国标 GB/T 1499.2－2018《钢筋混凝土用钢 第 2 部分：热轧带肋钢筋》HRB400E 牌号的 Φ16mm、Φ18mm、Φ20mm、Φ22mm、Φ25mm 螺纹钢
交割地点	交易所指定交割仓库
最低交易保证金	合约价值的 5%
交割方式	实物交割
交割单位	300 吨
交易代码	RB
上市交易所	上海期货交易所

资料来源：上海期货交易所。

小贴士

螺纹钢俗称钢筋，是热轧带肋钢筋的简称，牌号用 HRB 加上屈服强度最小值的数字表示。HRB 是热轧（Hot rolled）、带肋（Ribbed）、钢筋（Bars）的英文首字母，屈服强度是指金属材料在外力作用下发生屈服现象时的极限压力值（兆帕 Mpa）。按屈服点不同可将螺纹钢分为三个等级。上海期货交易所上市交易的螺纹钢标准品牌号为 HRB400，为三级螺纹钢。

（2）建筑的钢筋铁骨

混凝土由水泥、沙子和水混合而成，最早由古罗马人发明，而钢筋混凝土则是近代法国人的发明。19 世纪中期的欧洲，用混凝土做花盆在当时成为一种时尚，做薄了易碎，做厚了又笨重。1849 年，法国园丁约瑟夫·莫尼尔（Joseph Monier）在制作混凝土花盆时突发奇想，尝试把混凝土浇在钢筋网上制作花盆，结果效果出乎意料地好，这就是钢筋混凝土的鼻祖。在钢筋混凝土中，钢筋用来承受拉力，混凝土承受压力，更为巧妙的是，钢筋和混凝土的热膨胀系数很相近，能混为一体，不易开裂。这简直是完美搭档，从此钢筋作为“铮铮铁骨”与混凝土“骨肉相连”，使得高层建筑与大跨度桥梁的建造成为可能。1872 年，世界第一座钢筋混凝土结构的建筑在美国纽约落成，人类建筑史上一个崭新的纪元从此开启。钢筋混凝土结构在 1900 年之后，特别是在第二次世界大战之后的应用更加广泛。

螺纹钢几乎全部用于钢筋混凝土建造，所以与线材一起被称为建筑钢材。中国是目前全球钢筋混凝土应用最广、用量最多的国家，被广泛用于房屋、桥梁、道路等工程建设。其中，螺纹钢消费需求量最大的是房屋建筑，约占螺纹钢需求总量的 80%，基建设施则大概占 20%，因此房地产及基建投资水平与螺纹钢的消费需求高度正相关，是螺纹钢市场需求最直接的决定性因素。由于房地产仍是中国实体经济的支柱，因此螺纹钢市场的需求表现还一度被看成是中国实体经济的“晴雨表”。

螺纹钢的消费需求还受到因螺纹钢使用等级提高而用量下降，以及因钢结构建筑增多对螺纹钢需求替代的长期影响。出于建筑安全与抗震能力以及节约资源与减少污染等方面的考虑，高强度螺纹钢被国家大力推广与强制应用。在满足同样建筑标准下，采用高强度螺纹钢相比普通螺纹钢，可以降低11%—15%的消耗，这样既节约了铁矿、焦炭、电力的使用量，也减少了生产的污染排放，可谓一举多得。目前，钢结构已逐渐成为商用办公建筑的主流，也是未来房屋建筑发展的方向。

小贴士

房屋建筑使用的螺纹钢一般每根为9米或12米的定尺长度，而桥梁建造需要更长的螺纹钢，为了方便运输，会盘成圆盘状，简称“盘螺”。

想一想

目前中国房地产几乎都是使用钢筋混凝土建造，螺纹钢价格在一段时间内出现大幅涨跌，会明显影响房地产的价格吗？

（3）螺纹钢的冬储

一条已流淌了千万年的古淮河，从江苏中北部的淮安市内悠悠而过，桥上坐落着一个球形雕塑，南半球为暖色调的渐变红，北半球则为冷色调的渐变蓝，以此寓意着中国南北气候的分界。每当冬季，分界线以北的大部分地区风冷水寒，气温下降，民用建筑施工就会进入“冬眠”停工期，螺纹钢需求季节性下降也会如期而至。这是因为钢筋混凝土浇灌施工对温度有一定的标准，温度过低会对混凝土的凝结质量产生显著的不利影响，极易产生建筑安全隐患。在此期间，北方大部分地区螺纹钢实际需求大幅减少或是停滞，直到春暖花开，施工重来。

而在此期间，螺纹钢生产不会停歇，这与季节性需求下降形成阶段性的错配，钢厂常会在库存增加的压力下，让出一定的利润空间，以鼓励其钢贸商冬储（囤积库存），而贸易商也会期待在下个需求旺季时将囤积的低价库存高价卖出，赚取利润。另外由于南方地区气温对建筑施工的影响较小，冬季与北方地区市场价差往往会变大，北方螺纹钢往南方运销量也会增大，这就形成了所谓的“北材南下”。因此每当冬季来临，库存程度与北材南下总量的变化就成为螺纹钢期货市场交易的热点。

小贴士

中国螺纹钢市场库存的最高点一般出现在春节后的一个月之内，随后逐步下降。

（4）可怕的正公差

位于天津市北辰区的中储物流仓储中心是上海期货交易所螺纹钢在北方的指定交割仓库之一。这里刚刚顺利完了一批 2 万吨、价值 8 000 多万元（按当时的单价）的螺纹钢交割。买入交割方是来自上海的钢材贸易商，此刻他面对这批螺纹钢现货满脸愁云，这不仅是因为他的销售渠道不在天津，需要运往路途遥远的上海销售，更为揪心的是在市场价格不变的情况下，这批螺纹钢刚接货到手就相当于亏损了近 240 万元。这是为何？答案就是螺纹钢“公差”亏损。简单地说，“公差”就是实际重量与理论重量之间的偏差。

在螺纹钢的贸易流通中，每捆螺纹钢出厂的吊牌挂件重量是理计量，即按理论计算的重量，贸易商在市场销售时通常也是按此重量出售，出售的吨钢价格称为“理计价”，而钢厂销售一般为过磅（称重）的重量，其吨钢价格称为“过磅价”，上海螺纹钢期货交易价格也为过磅价。按上海期货交易所期货交割规则，螺纹钢的交割公差允许范围为 ±3%。比如，一家贸易商接收的一批螺纹钢的公差几乎为零，也就是实际重量接近于理计重量，而目前钢厂生产流通的螺纹钢公差大多为 −3%，如果这家贸易商按市场约定俗成的理计价格销售，则相当于亏了重量，就是亏了公差；如果这家贸易商想不亏公差，则需要提高理计售价，这又会失去价格竞争力，很可能滞销。其实公差亏损问题并不是这一家贸易商遇到，之前曾有过某钢厂以接近期货交易所规定3%的上限卖出交割，如果按此计算，亏损的可就是近480万元了。

因此，在计算螺纹钢基差时，首先要将市场实际成交的理计价折算成过磅价，才能与期货合约价格相比较。

小贴士

螺纹钢理论计算方式，是用单根直径与长度计算出体积，乘以钢材的密度，再乘以根数。为了计算方便，通常简化成0.00617×直径的平方×长度×根数。

想一想

钢厂过磅销售，为什么习惯于生产公差为负3%的螺纹钢销售流通？

2. 热轧卷板

（1）从日本而来

2009年是日本的大分市与中国的武汉市缔结友好城市30周年，就在这一年的7月，两市发起了包机来武汉观看日全食的纪念活动。其中一位已年入古稀的友人故地重游，他的名字叫龟山弘。此行最让他幸福不已的是被盛情邀请，回到一个让他魂牵梦萦的老地方——位于武汉市青山区的武钢。他与武汉这座城市的不解之缘，要从武钢投建中国第一条具有世界同步先进水平的热轧卷板生产线说起。1972年，中日邦交关系破冰后，随即就进入“蜜月期”，当年武钢就与日本新日铁顺利签订了1 700毫米热轧卷板产线引进项目。1974年，产线开工建设，新日铁大分制铁所的技术专家龟山弘，作为日方项目建设总工程师，带领50名日本同事，随同具备年产300万吨能力的大型产线设备，初次来到武汉。1978年底产线投产后，龟山弘又以生产技术指导的身份为这条产线尽心尽力工作了长达8年之久。归国后，武汉自然也就成为老人念念不忘的“第二故乡”。也正因热轧卷板产线的顺利投建，1979年大分市与武汉市结为首个国际交好城市。

继中国第一条具有世界先进水平的热轧卷板生产线在武钢投产后，中国热轧卷板生产能力从当年只有几套产线、650万吨左右的年产能，到2006年已具有上亿吨产能，总体从供给不足达到供给自足，仅用了28年。截至2018年底，中国已有70多套热轧卷板产线、达2.6亿吨左右的年产能力，这显然是当年的龟山弘无法想象的。细观当今中国热轧卷板的产能分布，已不再是当年只有1条现代生产线的武钢，华北、华东与东北，分别约占到全国总产能的33%、24%、15%，共计70%以上的产能。生产排名前三位的钢厂——宝武钢铁、鞍山钢铁与河北钢铁，分别约占全国总产能的18%、9%与8%，合计产能约占35%。

小贴士

武钢1978年投产热轧卷板产线为连铸连轧机组，从钢水到铸成板坯，再到轧制成材，整个流程不间断，可以在几秒内生产出一卷25吨左右的热轧卷板。

想一想

为什么热轧卷板产业集中度明显高于螺纹钢?

(2) 内外兼修的热轧卷板

热轧卷板集众多优点于一身，不仅强度高，韧性好，而且易于加工成型，可随意焊接拼凑；不仅可以作为结构钢用于内在，也可以作为面板用于外表。可以说是用途广泛，且“内外兼修”。日常生活中处处可见它的身影：从构建鳞次栉比的高楼大厦与低矮厂房框架，到建筑用的工程机械；从地上跑的货车结构横梁与货箱面板、铁路电缆塔架与车皮，到公铁路的桥梁架设；从水里的船舶支架与货舱甲板，到码头装卸设备；从用于燃烧的锅炉容器，到原油的输油管线……林林总总，不胜枚举。除直接使用外，热轧卷板还是加工层次更高的冷轧卷板的基板，其延伸用途更加广泛。

所以从行业需求来看，不管是用量最大的建筑行业，用量次之、相对宽泛的机械行业，还是用量集中、其量可观的汽车行业，都离不开热轧卷板。如果从区域需求来看，工业制造发达的“长三角”“珠三角”“环渤海”是感知全国需求冷暖的三大标杆，以此为代表的上海、广州与天津的热轧卷板市场则成为标杆上的风帆，也是热轧卷板期货市场指定交割地。

热轧卷板是宽度大于等于 600 毫米以上的中厚宽钢带、热轧薄宽钢带与热轧薄板的总称。中厚宽钢带产量约占热轧卷板总量的 2/3，是热轧卷板最具代表的“形象代言人”。2014 年 3 月，上海期货交易所上市的热轧卷板合约标的就属于中厚宽钢带（见表 13）。

表 13　　上海期货交易所热轧卷板合约

项　目	合约内容
交易品种	热轧卷板
交易单位	10 吨/手
报价单位	元（人民币）/吨
最小变动价位	1 元/吨
涨跌停板幅度	上一交易日结算价 ±3%
合约月份	1—12 月
交易时间	上午 9：00—11：30，下午 1：30—3：00 以及交易所规定的其他交易时间
最后交易日	合约月份的 15 日（遇国家法定节假日顺延，在春节月份等最后交易日，交易所可另行调整并通知）
交割日期	最后交易日后连续 5 个工作日
交割品级	标准品：符合 GB/T 3274 -2017《碳素结构钢和低合金结构钢热轧厚钢板和钢带》的 Q235B 或符合 JIS G 3101 -2015《一般结构用轧制钢材》的 SS400，厚度 5.75 毫米、宽度 1 500 毫米热轧卷板 替代品：符合 GB/T 3274 -2017《碳素结构钢和低合金结构钢热轧厚钢板和钢带》的 Q235B 或符合 JIS G 3101 -2015《一般结构用轧制钢材》的 SS400，厚度 9.75 毫米、9.5 毫米、7.75 毫米、7.5 毫米、5.80 毫米、5.70 毫米、5.60 毫米、5.50 毫米、5.25 毫米、4.75 毫米、4.50 毫米、4.25 毫米、3.75 毫米、3.50 毫米，宽度 1 500 毫米热轧卷板

续表

项　目	合约内容
交割地点	交易所指定交割仓库
最低交易保证金	合约价值的4%
交割方式	实物交割
交割单位	300 吨
交易代码	HC
上市交易所	上海期货交易所

资料来源：上海期货交易所。

小贴士

普通货车、重卡、集卡等货物运输车辆使用较多的热轧卷板，而常见的载客大巴车与家用小汽车，热轧卷板使用量很少，主要是使用深加工产品——冷轧卷板。

（3）不得不说的宝钢出厂指导价

1978 年 12 月，上海宝钢工程项目破土动工，这是当时自新中国成立以来，钢铁建设乃至全国建设工程中，投资最多、规模最大、技术最新的工程项目。在建设过程中曾因工程浩大、国家经济过于困难而一度停工缓建，但宝钢建设的高起点、高标准、高要求的初心从未改变。1985 年 9 月宝钢一期工程投产后，就成为“三高一流”（高质量、高效率、高效益，世界一流）的大型钢铁企业，其钢材产品的品质与服务都是全国钢铁的领跑者。因宝钢所生产的钢材产品绝大部分以直供的方式销售给下游用户，为了便于下游用户按量提前锁定钢材采购成本，宝钢会根据下游用户订单计划量，结合市场供需预判，提前出台未来一段时间热轧卷板的销售指导价格。市场以此价格的变动，作为推断未来一段时间热轧卷板供需变化的参考，所以宝钢热轧卷板出厂指导价就成了市场变化的风向标。

小贴士

目前宝钢集团下属公司东方钢铁在线（www. bsteel. com. cn）为宝钢出厂指导价格权威网络发布平台。

（八）说说钢材贸易的一些事

钢材贸易是架起钢铁生产与消费之间桥梁的中流砥柱，贸易背后的事儿常常牵动并影响着市场。

1. 被蒙住眼睛的银行

2015 年，在福建莆田出生、长大后落户上海的黄先生，先后向上海的几家银行提交商品房抵押贷款申请后都被拒贷。黄先生大学毕业后就在上海一家知名的信息科技公司工作，个人贷款偿还能力好，且无任何不良信用记录，但银行却都拒贷了。这让黄先生百思不得其解，遂鼓足勇气一探究竟。让他出乎意料的是，银行口头回复的拒贷理由有着惊人的相似之处：他的身份证号码头三位数是福建省的代码 350，银行出于信贷风险考虑，暂停福建人贷款申请。一脸茫然的黄先生不知道的是，几年前在上海爆发的钢贸商信贷危机仍余波未了，他成了“躺着中枪”的无辜被波及者。

这场信贷风波要从 2008 年全球金融危机说起。金融危机爆发后，为了应对危机，我国采取宽松的货币政策刺激了房地产与基础设施建设需求，这对于钢铁行业来说是空前利好，钢贸商们的生意也是如日中天。由于钢贸商在向钢厂订货时需预交订金，提货时还要付足全款，而销售给下游用户后回款较慢，因此，钢铁贸易需要大量的周转资金，有很大的贷款需求。钢贸商为了便于获得更多贷款，用以扩大销售规模，数量较多的福建籍贸易商抱团互保互联，以共担信贷风险的“联保制”申请贷款。而一路看涨的钢材市场也弱化了银行的信贷风险意识，福建籍的钢贸商就成了银行的头号座上宾，甚至仅凭一张福建籍身份证就能轻松地从银行获得50万元贷款。仓单质押融资更是乱象丛生，“无中生有”的虚假仓单、“移花接木”的虚假交易、“一女多嫁”的重复质押现象屡屡出现，甚至出现水泥做成热轧卷板“以桃代李”；很多钢贸企业通过关联交易将资金挪用于地产矿产、期货股票、民间典当借贷等风险领域。钢贸信贷泡沫逐步产生，不断膨胀，并于2011年达到顶峰。

自2011年下半年起，宏观经济形势出现转折，信贷政策转向收紧，贴现利率一度高达14%，多家钢贸商资金链陷入紧张。2012年1月，无锡一家钢材市场法人外逃，成为刺破泡沫的那根针。“雪崩之时，没有一片雪花是无辜的”，银行开始本能地收缩信贷，联保制的弊端与抵押套现乱象的恶果一起暴露出来，钢贸商“跑路”“破产”、银行“坏账”“追责”等坏消息接连不断。繁华退去，银行对福建籍贸易商从“相爱”变成了“相杀”，而且还“错杀”了黄先生这样的无辜者。这起事件在资金层面，对当年的钢材现货与螺纹钢期货交易产生了很大的影响。

小贴士

据不完全统计，因2012年钢贸信贷泡沫破灭，以上海为代表的南方市场的钢贸商几乎锐减一半，以北京、天津为代表的北方市场的钢贸商缩减了近30%以上。

2. 从未停歇的钢铁贸易之战

2001年，中国成功加入世界贸易组织（WTO）后，中国商品在全球主要市场获得了比过去更为有利的出口条件。中国钢铁及钢铁制品在自给自足后，部分钢材也转向出口。中国的钢铁生产成本较低，对出口地一些生产成本高的钢厂或钢铁制品制造商造成了很大的竞争压力，这些钢厂或制造商在压力之下向本国政府提出抗议，并要求利用世界贸易组织相关协定对我国钢材发起反倾销和反补贴调查，这就是“双反”调查。如果认为反倾销和反补贴成立，那么就会对原产地为我国的钢铁或钢铁制品附加征收很高的“反倾销税”或“反补贴税”，使其出口商品失去应有的竞争力。我国在收到被“双反”调查后，所涉及的钢厂或制造商可以提出申诉，但一般效果甚微（见表 14）。

表 14　中国钢铁遭遇“双反”调查数量　（单位：起）

年份	2012 年	2013 年	2014 年	2015 年	2016 年	2017 年	2018 年
案件数量	14	16	17	23	30	15	7

资料来源：中国商务部。

自 2004 年加拿大首次对我国铁制烧烤架发起“双反”调查以来，中国钢铁与钢铁制品遭受的调查就从未停歇过，其中遭受美国与欧盟披着合法“双反”的外衣，以提高贸易壁垒、加强贸易保护为实质目的的调查居多，特别是在它们经济压力越大时，遭受的调查越多。例如 2008 年全球金融危机与 2013 年的欧债危机，就导致中国钢铁及其他产品受到的调查明显增多。

随着东南亚国家钢材需求的增加，目前东南亚已成为中国钢铁及钢铁制品的主要出口增长地，因此欧美对中国钢铁出口的负面影响正在逐步减弱。

小贴士

截至 2018 年，中国已连续 24 年成为全球遭遇反倾销调查最多的国家，连续 13 年成为全球遭遇反补贴调查最多的国家。

有色金属篇

有色金属是指除黑色金属（铁、铬、锰）以外的所有金属，这些蕴藏在地底的宝藏聚集在世界各地，通过“火”与“水”的浇筑磨砺最终从矿石中诞生。100多年前的英国人为了解决交通运输带来的价格波动，开始在伦敦金属交易所使用预付款来规避价格波动风险，由此诞生了有色金属期货。有色金属质量、等级和规格容易划分，交易量大，价格容易波动，耐储藏；有色金属期货是当今世界期货市场中较为成熟的期货品种之一。

目前交易的主要品种包括铜、铝、锌、锡、镍、铅期货合约，核心交易品种主要在伦敦交易所、纽约商品交易所以及上海期货交易所进行。越来越多的实体企业、交易者和套利者的目光聚焦在有色金属期货上，思考交易标的价格波动的本质。“中国需求”“罢工”“大雪封山”“减产”“囤货”各种各样的事件影响着有色金属价格，政策转变、未来新科技的变革等不同的预期也影响着远期有色金属价格波动。知道有色金属期货的前世今生、供需结构、库存以及各种影响因素，可以更好地理解有色金属期货，更好地理解有色金属期货价格波澜起伏背后的逻辑。

（一）有色金属期货的前世今生

1. 从山脊走出的有色金属

素有“南美洲脊梁”之称的安第斯山脉是世界上最长的山脉，从巴拿马一直延续到智利，这里不仅孕育了“印加文明”，并且还储备着丰富的有色金属矿产资源。智利、秘鲁以及巴西都是全球著名的矿藏资源国。智利的铜储量占世界储量的近1/3，是世界上铜矿最丰富的国家。桑巴舞和足球风靡的巴西拥有丰富的锡和镍，锡矿探明储量71.2万吨，约占世界总储量的13.4%；镍矿储量910万吨，占世界储量的10%。

在有色金属这个大家族中，除了人们熟知的铜、铝、锡、锌、铅、镍等金属外，还包括钨、钼、锗、锂、镧、铀等，它们最初都是以矿的形式隐藏在山脉中，是在地球多次的板块运动过程中，由地下岩浆上涌、沉积而形成的。我们常常用“储量”来衡量一个地区的矿产蕴含量，各地区的储量分布并不相同，这与地壳运动与撞击的程度和频率有关。整体来说，南美洲和大洋洲的资源储备较为富饶，亚洲的小金属资源充沛，美洲的资源储量优势不明显，欧洲则属于贫矿区，而地处欧洲东部的俄罗斯资源储备丰富，可谓是欧洲少有的富矿大国，尤其是锑和稀土等资源。中国有色金属矿产资源比较丰富，但分布不平衡，南方多北方少，不同的地区汇集着不同的有色金属成员：内蒙古白云鄂博的稀土，甘肃金昌的镍，山东招远的黄金，江西德兴的铜、大余的钨，湖南锡矿山的锑、水口山的铅锌矿，云南个旧的锡，广西平果的铝。

有色家族成员众多，除了少数人造超铀元素，大多数围绕山脉而生，是大自然给予人类的馈赠。

背景小故事

一南一北，“锡都”VS“镍都”

南有“锡都”个旧，北有“镍都”金昌，一南一北，成为镶嵌在中国有色分布地图上的两颗明星。

云南个旧——中国锡都。

彩云之南，丽江水畔，是人类文明的重要发祥地之一。距今170万年前的元谋人是目前发现的中国和亚洲最早人类，便诞生于此。云南矿产储量大、矿种全，已发现矿产142种，有92种探明了储量，有54种矿产保有储量居全国前10位，故被誉为“有色金属王国”。名扬海内外的个旧便是“有色金属王国”中的明星。

个旧地处西南边陲，因锡矿开发历史悠久、储量丰富而蜚声内外，享有“锡都”美誉。据记载，个旧地区在距今2000多年前的汉代就对银、锡、铅进行了开采；清代以后，锡的开采规模越来越大，产量居全国第一位。新中国成立后，个旧累计生产有色金属192万吨，其中锡92万吨，约占全国锡产量的70%以上，是全国最大的锡现代化生产加工基地，在“有色金属王国”中占据举足轻重的地位。因此，个旧“锡都”很早即被载入英国《大不列颠词典》等著名辞书和教科书而蜚声海内外。

甘肃金昌——中国镍都。

丝绸之路作为古代东西方经济、政治、文化交流的桥梁，对推动人类文明的进步影响深远。在河西走廊东部有一座既古老又年轻的工业城市，便是“镍都”金昌。金昌因盛产镍而闻名于世，其镍矿储量丰富、规模巨大，仅次于加拿大的萨德伯里矿，居世界第二位、全国第一位，故被誉为“中国镍都”。金川镍矿是中国第一座多金属共生的大型硫化铜镍矿床，1958年被勘探人员在河西走廊东部腾格里沙漠边缘的龙首山下发现。伴随着经济的发展，一座新兴的矿业城市在西北高原的茫茫戈壁上迅速崛起，1981 年金昌市成为甘肃省的省辖市。金川集团逐渐成为中国最大的电解镍生产商，年度镍产量居全球第 4 位，已形成年产镍 15 万吨的生产能力。

2. 浴火而生的四羊方尊

《国家宝藏》节目中曾展出一件稀世珍品，它就是被史学界称为“臻于极致的青铜典范”的四羊方尊。四羊方尊于 1938 年在湖南省出土，在地下沉睡了 3000 多年之久。它是商朝晚期的青铜礼器，也是中国仍存商代青铜方尊中最大的一件，被认为是传统泥范法铸制的巅峰之作。不同于古代铜器，现代有色金属是通过什么形式展现在我们面前的？从火中诞生，由矿砂变成金属，真“金”不怕火炼的诞生秘密又是怎样的？

从山脉中可以获得大小不同的“有色石块”，这些石块要经历各种磨砺才能变为可供使用的金属形态。以铜为例。首先将铜的原矿石通过采选，把矿的含量从原来的百分之几或千分之几提升至 20%—30%，作为铜精矿。这个过程就是通过研磨等方法将大石头变小，把大石头中的有用成分通过物理或者化学方法分离出来。然后利用火来溶解矿石。在现代工艺中，铜精矿在密闭的炉子里进行熔炼。产出的熔化物进入新的转炉变成含铜量更高的粗铜（含铜量为 98.5%），然后再进入反射炉“锤炼”铸造为一块块含铜 99.5% 的板子，这种板被称为阳极板。把铸成的阳极板放在电解槽中，进行我们熟知的氧化还原反应，带电的铜离子聚集至阴极生成铜板。区别于之前铸造的阳极板，含量 99.95% 的红色板被称为阴极铜。阴极铜便是加工企业的主要原材料。最后，加工工厂将阴极铜加工成线材、管材、板带材等半成品，由下游的加工企业对半成品进行进一步加工，制成社会各领域的必需品，如冰箱中的铜片。

铜冶金技术的发展经历了漫长的过程，至今仍以火法冶炼为主，其产量约占世界铜产量的 85%。除了通过火烧来让金属铜诞生，用“水”让矿石变成铜板的工艺也在逐步发展，这种工艺被称为湿法冶炼。最早的湿法铜冶炼厂源于中国，古称“胆水浸铜法”。湿法冶炼工艺主要是通过溶剂浸出铜矿石或者精矿，而后从浸液中提取铜，设备更简单，但是杂质含量较高，湿法冶炼产量在总产量中的占比不足 15%。

背景小故事

江铜的故事

江西铜业诞生于 1979 年，位于铜储备丰富的江西省，追随着改革开放的步伐，江铜经过 40 年的发展，逐渐成为行业内的“铜老大”。通过产业一体化，江铜逐渐成长为集采、选、冶炼、加工、贸易为一体的铜生产和加工基地。在发展过程中，江铜从国内到国外通过收购矿权来扩大资源储备，不仅实现了“走出去”，还扩大了国际影响力。而助力江铜实现产融结合、实现跨越式发展的重要举措之一便是江铜的期现结合。1996 年，江铜“GUIYE”牌高纯阴极铜在伦敦金属交易所（LME）注册成功，成为中国首家在 LME 注册的电解铜；旗下“贵冶牌”和“江铜牌”阴极铜均为 LME 注册产品，并已被 LME 选定为铜测试工厂。江铜成为国内唯一阴极铜、黄金、白银三大产品全部在 LME 和伦敦金银市场协会注册的企业。通过期货市场和现货市场的联动，江铜有效地规避了生产经营中诸多的价格风险，为企业实现稳定的发展保驾护航。

3. 漂洋过海的有色金属期货

航海带来了经济的大发展，漂洋过海的不仅仅是货物，还有金融“舶来品”。在上海临港自贸区的码头上堆积着来自各国的金属矿与金属品种。和实物一样，有色金属期货也有着远渡重洋的历史。

最早的有色金属期货来自伦敦金属交易所。19 世纪中期，英国已经成为世界上最大的金属锡和铜的生产国，当时的英国被称为“日不落帝国”，工业革命推动社会快速发展。随着工业需求的不断增长，英国需要进口大量铜矿石、锡矿石到国内精炼，但是在当时的条件下，由于运输等问题，铜矿石和锡矿石价格经常大起大落，风险很大。为了解决这个问题，商人们采取了预约价格的方法，在货物还没到之前，就对未来到货签订合同，以保证大量货物运来时，都可以卖掉，在数量有限时，不至于价格暴涨。1876 年伦敦金属交易所（LME）正式成立，主要从事铜和锡期货交易。随着交易所的不断扩大，交易品种进一步增加，伦敦金属交易所的金属期货已经从最初的铜、锡两个品种发展到七个期货品种，即铜、铝、铅、锌、镍、锡、铝合金，形成了以这七大金属为代表的国际金属交易市场。

大洋的另一端，美国金属期货的出现晚于英国，19 世纪末 20 世纪初，美国经济从以农业为主转向建立现代工业体系，期货合约的种类逐步从传统的农产品扩大到金属、能源类商品。纽约商品交易所（COMEX）成立于 1933 年，由经营皮革、生丝、橡胶和金属的交易所合并而成，交易品种有黄金、白银、铜、铝。

中国有色金属期货最早出现在 1990 年，在上海金属商品交易所上市，同期在深圳有色金属期货交易所也推出了特级铝期货合约。然而当时的中国期货业刚开始起步，很多制度都不健全，在交易过程中出现了“逼仓”等事件。为了规范期货行业，最早的 14 家期货交易所逐步规范到 3 家商品期货交易所。有色金属期货的命运也是一波三折，从上海金属商品交易所到规范后的上海期货交易所，目前在交易所上市的品种有铜、铝、锌、铅、镍和锡。

4. 从“铜博士”到“妖镍”

在离上海陆家嘴金融中心不远的地方，靠近世纪大道与松林路有一座大楼，楼前伫立着一个铜牛，这里是上海期货交易所大厦。国内有色金属期货交易品种就是在这里诞生，不断成长，逐步壮大。

老一辈期货人印象最深刻的“铜博士”期货于1991年设计运行，这是国内历经风雨却仍然保持相当规模的唯一品种。“铜博士”这个称呼源于铜价对于宏观经济的敏感性。由于铜的广泛用途，需求覆盖多个领域，当宏观经济整体向好时，旺盛的需求将带动铜价上涨，而宏观经济政策及预期也通过各种消息渠道影响铜价，任何风吹草动似乎都可以快速地从铜价上反映出来。铜期货运行时间长，参与者也多种多样，有实体套保企业、现货贸易企业、投机者以及各种套利者。铜期货规模逐渐增加，市场更加均衡，铜期货金融属性强，在上海期货交易所的表现也更有“大将”之风（见表15）。

表15 上海期货交易所阴极铜的标准合约

项 目	合约内容
交易品种	阴极铜
交易单位	5吨/手
报价单位	元（人民币）/吨
最小变动价位	10元/吨
涨跌停板幅度	上一交易日结算价±3%
合约月份	1—12月
交易时间	上午9：00—11：30，下午1：30—3：00以及交易所规定的其他交易时间
最后交易日	合约月份的15日（遇国家法定节假日顺延，在春节月份等最后交易日，交易所可另行调整并通知）
交割日期	最后交易日后连续5个工作日
交割品级	标准品：阴极铜，符合国标GB/T467－2010中1号标准铜（Cu－CATH－2）规定，其中主成分铜加银含量不小于99.95% 替代品：阴极铜，符合国标GB/T467－2010中A级铜（Cu－CATH－1）规定，或符合BS EN 1978：1998中A级铜（Cu－CATH－1）规定
交割地点	交易所指定交割仓库
最低交易保证金	合约价值的5%

续表

项 目	合约内容
交割方式	实物交割
交割单位	25 吨
交易代码	CU
上市交易所	上海期货交易所

资料来源：上海期货交易所。

市场在不断变化，风险常伴左右，2006 年锌价格出现了大幅波动，锌期货从成交量到市场参与程度在国际上都是影响最大的，已经吸引了包括投机、套利、套保客户的参与，其中对冲基金也积极在锌期货上布局，而爆出大幅亏损的“不凋花”和“红风筝”基金都曾参与交易，锌屡屡成为市场的领头品种。根据 LME 情况看，锌的市场活跃程度仅次于铜和铝期货。在市场需求看涨的同时，企业对如何抵御国际市场快速波动的风险意识亦不断增强，关于锌期货重返市场的呼声不断。2007 年 3 月锌期货再次回归大家庭。

2011 年铅期货合约再次上市，经过调整的合约更符合市场需求。至此，有色金属期货大家族已逐步在上海期货交易所安家落户。

最后回归的是有色金属镍与锡期货，这两种金属的单价很高，作为最后回归的品种，在 2015 年 5 月回归伊始就受到了各方的关注，特别是镍期货。如果说铜期货是一位对宏观经济敏感的博士的话，那么金属镍期货，更像一个出生不久调皮捣蛋的孩子。相较于其他有色金属品种，镍期货的上游相对较为集中，更容易受到各种消息导致的情绪影响。比如说近些年原料红土镍矿经常受到主产国印度尼西亚政策的影响，波动性较大，期货投资人口中的妖“镍”正是源于此。由于价格流动性好，越来越多的交易者参与其中，根据统计，2018 年，上海期货交易所的镍在金属类全球交易排名中已排至第三位，成交量达到 1. 15 亿手。

5. 资金阻击战——“住友铜事件”

伴随着有色金属期货的诞生与发展，越来越多的人参与其中。关于有色金属期货有很多故事，最惊心动魄的可能是“住友铜事件”。事件背后纠缠着各种传说，有举足轻重的实体企业家，还有资金雄厚的大型基金，这场资金阻击战也让世人关注到金属铜及其金融衍生品。

住友商社是日本最大的四大财阀之一，是日本集金融、贸易、冶金、机械、石油、化工、食品和纺织为一体的超大型集团，通过控股或参股等形式拥有全球包括智利、菲律宾等国众多铜矿山和冶炼厂部分或全部股份。住友公司很早就参与伦敦金属交易所（LME）的金属交易。1987 年初，当伦敦金属交易所铜期货价格在 1 300 美元徘徊时，住友公司的操盘手滨中泰男在期货市场逐步建立了大量的铜远期合约。到 1988 年中，伦敦铜价暴涨至 2 500 美元。滨中泰男从期货市场套取了巨额利润。从 20 世纪 80 年代中期到 1996 年“住友铜事件”之前近十年的时间里，滨中泰男在伦敦铜期货市场“叱咤风云，呼风唤雨”，屡屡得手。由于其经常控制着伦敦铜市场 5% 以上的成交量和未平仓合约，因此获得“百分之五先生”称号。应该说，住友本身就是在 LME 非常活跃的大鳄。

20 世纪 90 年代前期，住友商社是当时伦敦和纽约市场的大多头，据当时业界人士估计，1994—1996 年，滨中泰男控制的铜期货头寸达 100 万—200 万吨。与此同时，伦敦 3 月期货铜价从 1993 年底的 1 650 美元/吨左右一直飙升至 1995 年初的 3 075 美元/吨高位。1994 年至 1996 年初，滨中泰男人为地控制现货，长期大量控制 LME 的铜仓单，最高时占交易所的 90% 之多，使得伦敦铜期货市场长期处于期货价格低于现货价格的状态，远期价格大大低于近期价格，以此遏制市场的远期抛盘，人为抬高价格。

滨中泰男长期人为抬高价格，终于被欧洲和美国大型基金锁定，其中有量子基金、罗宾逊老虎基金、加拿大金属贸易商 Herbert Black、美国基金

Dean Witter 以及欧洲一些大型金属贸易商。他们针对住友的多头大量抛空，从 3 000 美元/吨以上一路抛压，伦敦铜价从 3 075 美元/吨高点跌至 1995 年 5 月 2 720 美元/吨左右。但顽强的滨中泰男并没有轻易就范，当年 7 月和 8 月又把铜价拉升至 3 000 美元以上。1995 年末，美国商品期货交易委员会开始对住友商社在美国国债和铜期货市场的异常交易情况开始调查，在美国的通报与压力下，伦敦金属交易所也开始了调查。此后，伦敦铜价下跌至 2 420 美元左右。但滨中泰男并没有放弃战斗，经过顽强的抵抗，铜价在 1996 年的 5 月又拉升至 2 720 美元以上。多次较量后，索罗斯等基金也感觉到筋疲力尽，几乎都想放弃了。然而，就在此时，5 月美国商品期货交易委员会和伦敦金属交易所宣布准备对住友采取限制措施，有关滨中泰男将被迫辞职的谣言也四处流传。基金终于捞到了最后一根“救命稻草”。在新一轮的强大攻势下，伦敦铜价从 5 月的 2 720 美元/吨高位一路狂泄至 6 月的 1 700 美元/吨左右，短短一个多月，跌幅超过 1 000 多美元。住友商社以彻底失败而告终。据估计，住友的损失高达 40 亿美元。

惊心动魄的“住友铜事件”在让人感受到资金博弈的残酷的同时，也不禁让人思考：有色金属期货的价格竟然可以如此跌宕起伏，风云变幻的市场，谁才是真正的主宰？

（二）风云变幻，有色金属价格谁主沉浮

1000 多年前的中国宋朝，人们为了方便对商品的计量，开始用纸币作为货币计量商品价格；200 多年前的英国人为了解决交通运输带来的价格波动，开始在伦敦金属交易所用预付款来规避价格波动风险。人们对价格的计量和风险规避的探索从很早就开始了，但是伴随着越来越先进的货币计量方法和衍生品的发展，价格的波动从来没有停止。

“中国需求”“罢工”“大雪封山”，各种各样的事件影响着有色金属价格；

政策转变、未来新科技的变革，不同的预期也影响着远期有色金属价格波动。

1. 需求为王的时代，经济繁荣与衰退对有色价格的影响

（1）谁带来了有色市场的春天

进入新千年（2000 年）之后，有个特别的称呼在有色市场传开，那就是“中国铜”。铜大多在南美洲分布，智利、秘鲁占了一半。虽然中国地大物博，但是铜的资源量不多。“中国铜”的称呼难道是为了对应“中国红”？为了解开这个谜团，让我们近距离了解金属铜，看看它与中国有什么关系？

铜矿经过冶炼之后形成金属铜，具有非常良好的延展性、导热性与导电性。因此这位带电的“红肤美人”——金属铜最大的用途在于电力行业，比如常见的变压器、电线、输电用电缆等；在电子通信行业的电子元件、集成电路、通讯用电缆等。在建筑领域金属铜主要用作生产管道、房屋装饰品；家电行业也离不开铜，冰箱、空调、洗衣机等电器都需要铜。2002 年之后金属铜价格开始出现明显的上涨，伦敦金属交易所与上海期货交易所的铜期货更是吸引了无数的交易机构。当时伦敦金属交易所的其他有色金属铝、锌、镍、锡也出现了一轮上涨，有色金属市场春意盎然。

随着世界科技的进步与技术革新，铜的应用领域不断扩展，需求量保持了相当长时间的增长。从 20 世纪末开始，以中国为代表的亚洲发展中国家加速进入工业化阶段，经济快速发展，铜消费急剧增加。2002 年以来中国铜消费需求就不断处于上升趋势，逐步占到了世界需求的半壁江山。新需求核心的发力，带动了以铜为代表的有色金属总需求的走高，“中国铜”正是象征着中国需求的爆发对铜的影响。

（2）繁荣背后，融资者的身影

在有色圈内，有一种铜被当作“铜钱”来使用，那就是融资铜。

“融资铜”顾名思义，就是用于融资的铜，也就是以铜为载体作为融资的手段，起因也是源于中国经济的发展。在真实需求背后，企业需要资金不断发展，贸易商想到了一个办法：通过银行开出延期付款美元信用证（一般为3—6个月），在支付小于1/3的保证金后，由银行先行支付货款。贸易商获得进口铜后，或在国内市场销售，或注册保税库成为保税仓单并质押获得贷款，或再出口，从而相当于获得3—6个月的短期贷款，可用于投资收益率较高的项目，然后在信用证到期后归还银行欠款。当信用证快到期时，贸易商还可以重新申请新的信用证，从而不断循环滚动操作获得融资，进口铜借助银行信用证成为融资手段。除了融资铜，也有少部分融资锌，多数贸易商选择铜作为融资标的，主要是因为：一是铜的每吨价格很高，可以降低融资成本；二是铜期货在伦敦金属交易所以及上海期货交易所上市交易都有很长的历史，良好的流动性可以将进口过程中的风险锁定。从进口到国内直到卖出套现，价格波动是最大的风险，只要在伦敦和上海两地各建一个反向头寸进行套保，这一风险基本上能够被锁定。

“融资铜”背后是资金追逐利差与汇差，它的规模与铜价格、铜贸易规模、利差、汇差、资金、政策息息相关。大宗商品铜近十年价格波动剧烈，其背后伴随着中国铜市场贸易模式的不断变迁。1992—2002年中国铜贸易规模逐步形成；2003—2008年“中国需求”推动铜贸易快速发展，同时这一阶段国内资本市场投资迅速崛起，资金需求孕育了“融资铜”，融资贸易逐步兴起；2009—2011年货币宽松使得各类资本涌入铜市场，虽然铜贸易规模不断上升，但国内外信贷结构的不同使得融资贸易迅速扩大，追逐利息差使得进口亏损被忽略，铜价定价权快速向中国转移，由此前伦敦金属交易所价格引导上海期货交易所价格，逐步转为相互引导。然而伴随着融资铜的兴起，铜价被扭曲，真实供求掩盖在贸易量下，泡沫式的市场引发了价格风险。2012年至今随着宏观经济环境的变化以及国内铜冶炼能力的逐步提高，铜市场环境更加复杂。2013年6月国家外汇管理局发文监管真实外贸，货币政策的改变，使“融资铜”走上末路。但是只要存在套利机会，融资者的身影仍会出现。

（3）绕不开的经济危机，铜博士暴跌

一秒前风平浪静，一秒后面目全非，巨浪呼啸，以摧枯拉朽之势越过海岸线、越过田野，迅速袭击岸边的村庄与城市，田地、房屋瞬间卷入浑水中消失殆尽。这就是海啸，带给人们生命及财产的损失，是自然界给人类带来的灾难。除了自然海啸带给人的恐惧，“金融海啸”同样让人心存余悸。

当 2007 年夏天“次贷危机”开始肆虐的时候，浏览全球的金融报纸，会觉得世界经济前景一片黯淡，看不到方向；2008 年 9 月危机恶化后，很多评论家甚至预期世界末日即将来临，大型银行等投资机构的破产让市场信心开始崩溃；2008 年 10 月整个金融市场笼罩在数据暴跌的阴影下。从统计数据可以看出（见图 4），从 2008 年 6 月到 2009 年 2 月，道琼斯指数暴跌 44.11%；大宗期货品种跌幅达到 54.28%；铜价在半年时间内跌落神坛，跌幅达到 63.77%；其余的金属，锌、铝、镍、铅、锡也大幅回落。

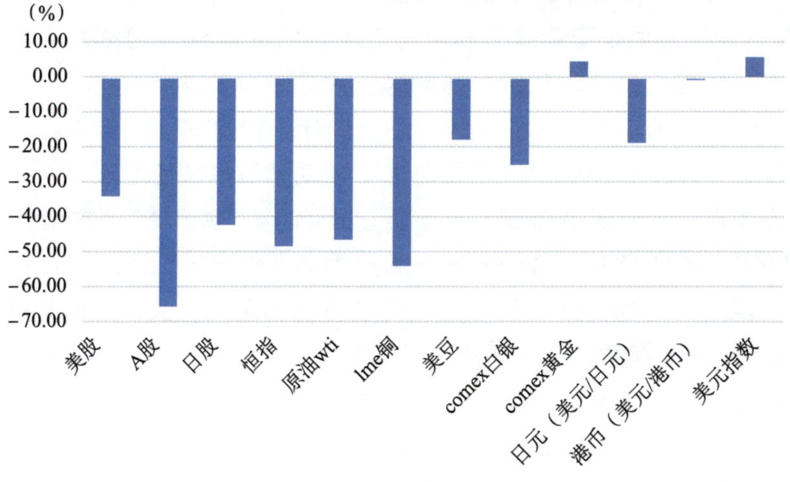

图 4　2008 年不同资产涨跌幅

资料来源：文华财经。

在六大基本金属中，铜与宏观经济的联系最紧密，在 2008 年上半年，相对锌铅，铜基本面较好，整体价格在高位震荡。打破铜价美好预期的是市场情绪的转变，是宏观经济大幅变动后对于真实需求的影响，是政策转变资产配置的变化。打破平衡点的第一步，来自市场对于经济危机的恐慌情绪，多头资金开始大幅跑路，溃不成军。第二步，来自危机时期投资者对于宏观经济的理解。金融危机的爆发逐渐影响到实体经济的增长，市场预计未来一年内美国经济将会出现大幅下滑，这对美国铜需求会产生直接的影响，同时贸易的联动、金融的互通也会影响到其他国家，市场预计铜消费量会继续下滑。供需是影响价格的核心，市场对需求减量预期的持续，使得价格一跌再跌。经济危机也使得资金开始从风险资产（股票、商品）向安全资产（现金、债券）流入，形成了推动铜价下跌的第三步。

覆巢之下，安有完卵？有色金属在金融海啸面前又岂能独善其身？绕不开的经济危机之后，铜价下跌正是恐慌情绪、需求预期下降以及资金避险配置等因素的共同作用。

想一想

2008 年金融危机时，有色金属期货与有色金属股票为什么都会下跌？

（4）期现联动，有色绝地抢反弹

在多灾多难的 2008 年之后，全球经济增长出现了下滑，居民消费不足，企业生产停滞，各项金融资产都创出了新低。为了应对这种局面，世界各国开始通过财政政策和货币政策进行对冲。美国政府通过财政政策扩大内部需求，一方面出台了 1 680 亿美元的减税方案；另一方面增加开支，扩大政府投资，签署了高达 7 870 亿美元的经济刺激计划，用于基建、教育、医疗等领域的投资。德国在 2009 年 1 月出台 500 亿欧元的减税计划，提高个税起征点，刺激居民消费，并加大基建投资。英国在 2008 年底同样降低企业所得税和个人所得税的税率，并推出高达 200 亿英镑的支出计划，用于道路、学校等建设。日本延长对中小企业的减税，并连续出台刺激计划，用于学校、环保等领域多达 75 万亿日元的投资。为了应对金融冲击，全球普遍降低基准利率，各国央行还推出了各种流动性支持政策。当整体环境悄然改变的同时，市场上机敏的投资者蓄势待发。

有色圈里也不乏这样的人，因此当中国推出高达 4 万亿元人民币的基建计划时，现货市场不断有资金大量囤积货物，华东地区的贸易仓库里快速堆积起了铜板、铝锭、锌锭和镍板。特别是铜，因为价格高而备受关注。期货市场资金多头在需求预期的推动下不断入场做多。当时的 4 万亿元计划里，通过扩大政府投资提振国内需求，出台税收减免和财政补贴政策刺激居民消费和企业生产，包括降低小排量汽车购置税，减免住房交易相关税收等。同时连续 7 次提高出口退税率，有利于降低企业出口成本，促进对外贸易。金融海啸的负面逻辑链条被逐渐打断，变成了有投资信心、需求正向预期、资金拥入的正向刺激链条，有色金属价格也出现了上涨，引发了期现联动，大量囤货待涨，等待反弹来临。

（5）“妖镍”搭上了电动车

新能源汽车特斯拉 Model 3 的火爆销售，再次印证了电动汽车的发展趋势不可逆转。随着各国禁油令的发布和电动汽车的推广，对电池原料的需求愈发旺盛，而“镍”是动力电池不可或缺的原材料。尤其是 2017 年底伦敦金属交易所年会上看好电动汽车用镍需求，乐观情绪推动了镍价上涨，镍价一度涨到每吨 10 万元，“妖镍”之名再次回响在有色期货界。

Sony 公司在 1990 年实现了在商品化锂离子电池上采用层状钴酸锂为正极材料，此后镍钴锰酸锂、锰酸锂等材料都成为锂离子电池常用的正极材料。在随后的研究中，实验团队也研发出了性能优质的三元电池，优质的性能为三元材料在动力电池领域巩固了地位，急迫的需求量也在一定程度上抬高了镍金属的价格。

中国有色金属工业协会发布的数据显示，中国 2017 年三元动力电池占新能源汽车装备的 50%，带动了镍消费 1.12 万吨。随着新能源汽车电池价格成本的下降、主要经济体对环境保护力度加大，全球电动汽车市场份额不断扩大。国际能源署（IEA）还预计，在 2030 年之前，全球电动汽车销量将增加至 2 150 万辆，即销量的年均增速将高达 24%，全球所有销售出去的新车中，将有 30% 是电动汽车。中国是全世界最庞大的电动汽车市场，2017 年在全球占 40%，市场前景广阔。强力的政策支持和电池成本的降低将推动电动汽车市场再创新高，对镍的需求仍有一定的上升空间。

（6）反倾销背景下的铝出口

“天下大势，分久必合，合久必分”，全球经济一体化的进程中会阶段性出现逆全球化的趋势。随着中国与世界各国的贸易活动越来越多，贸易摩擦事件数量不断攀升，其表现形式主要是技术性的专利壁垒和反保障、反倾销、反补贴这四大类。正是贸易摩擦的存在，极大地制约了中国贸易活动的发展，也影响了全球经济复苏。对于有色金属来说，受到反倾销比较严重的就是金属铝。

由于国内产能过剩，除了对内消费之外，铝还有一个主要需求领域就是出口，目前中国铝出口主要以铝型材为主，出口到东南亚、美国、欧洲等地。由于内外价差的原因，国内铝成本较低。随着中美之间的贸易摩擦上升，针对铝型材的反倾销愈演愈烈。

贸易摩擦愈演愈烈，针对中国的“双反”调查不断涌现，这将持续影响中国铝材的出口。短期国内铝企可以选择第三国转口贸易，借道东南亚国家进口后再出口，合理规避高昂的关税，但中长期的负面影响或难以完全消除，国内铝企的发展将迎来新的挑战。

上海期货交易所铝标准合约见表 16。

表 16 上海期货交易所铝标准合约

项　目	合约内容
交易品种	铝
交易单位	5 吨/手
报价单位	元（人民币）/吨
最小变动价位	5 元/吨
涨跌停板幅度	上一交易日结算价 ±3%
合约月份	1—12 月
交易时间	上午 9：00—11：30，下午 1：30—3：00 以及交易所规定的其他交易时间
最后交易日	合约月份的 15 日（遇国家法定节假日顺延，在春节月份等最后交易日，交易所可另行调整并通知）
交割日期	最后交易日后连续 5 个工作日
交割品级	标准品：铝锭，符合国标 GB/T1196－2008AL99.70 规定，其中铝含量不低于 99.70% 替代品：（1）铝锭，符合国标 GB/T1196－2008 AL99.85，AL99.90 规定；（2）铝锭，符合 P1020A 标准
交割地点	交易所指定交割仓库
最低交易保证金	合约价值的 5%
交割方式	实物交割
交割单位	25 吨
交易代码	AL
上市交易所	上海期货交易所

资料来源：上海期货交易所。

（7）“金三银四”，需求也分春夏秋冬

《史记·太史公自序》：“夫春生夏长，秋收冬藏，此天道之大经也。”一年有春夏秋冬四季，农作物的供给随着季节的变化起起伏伏，农产品的价格

呈现出明显的季节性波动的特点，而工业品由于生产相对连续，商品的价格主要受需求端影响，“金三银四”便是工业品需求端季节性规律的具体显现。

有色金属的价格也有着“金三银四”“金九银十”的季节性特征。以铜为例，中国用铜高峰主要集中在春夏两季，上半年价格往往表现较好。具体来看，每年2—5月初铜消费处于春季旺季，铜价通常持续大幅走高，一年当中的最高点也常常在这个时候；随后春季高峰结束，6月中旬左右，铜价往往会经历较大幅度的调整；6—9月迎来铜价的第二轮上涨。由于秋季消费往往不及春季，这个时候铜价会出现年内次高点；冬季价格会进入调整阶段，持续的时间也会比较长。

铜价表现出季节性的原因主要在于其下游需求具有季节性特点，全球铜消费主要集中在北半球，而中国占据了全球铜消费的40%，美欧亦是铜消费的重要国家与地区，在春秋两季是消费旺季。

2. 供应的变动对有色价格的影响

“春秋第一相”管仲是中国古代著名的经济学家，在《管子·国蓄》中记载着这样一句话：“夫物多则贱，寡则贵，贵则散，轻则聚。”物以稀为贵，讲的就是供应的故事。在100多年前，铝曾是一种稀有的贵重金属，被称为“银色的金子”，比黄金还珍贵。然而当科技不断进步，人们发现了电解铝的制造方法，铝变多了，价格也跌至白菜价。当需求变化较小的时候，供应的变动就会带来有色金属价格的大幅变动，在产地资源量、产地政策、进出口政策、冶炼技术、环保、运输等各种领域影响着价格，而市场对于供应的预期也使得有色金属期货的价格大幅波动。

（1）印尼禁矿 vs 疯狂的镍价

说到“天外来客”，人们最先想到的就是陨石。在茫茫宇宙中有许多小的天体已经旅行了上万年，一个偶然的机会，它撞入地球大气层，与空气剧烈摩擦，未燃尽的降落到地球上，就是陨石。陨石里除了铁之外，还有一种金属，就是镍。早期陨石被作为上好的铁使用，由于这种金属不生锈，它被秘鲁的土著看作是银。一种含有锌镍的合金被叫作白铜，在公元前 200 年的中国就已经使用。

纯净的镍直到 1775 年才被斯德哥尔摩的化学家制取出来并确认为一种元素（Ni）。正如陨石被用作上好的铁一样，镍大部分被用于不锈钢的生产，截至今天占 85% 左右的镍资源都是被用作不锈钢。印尼是全球第一大镍矿出口国，出口量约占全球贸易量的 20%。2009 年，印尼通过了《煤炭与矿物法》，规定从 2014 年 1 月 12 日起禁止原矿出口，旨在迫使矿业公司在印尼国内建设精炼加工厂，以增加矿产品的出口附加值。2014 年 1 月 12 日，印尼原矿出口禁令正式生效，严格禁止红土镍矿出口。由于当时多家企业仍处在建立镍铁厂的过程中，红土镍矿的禁令一出，立马引发国际镍价大幅上涨。

镍是中国的重要战略资源，随着经济的发展，不锈钢产量逐年提升，对镍的需求也不断上升。但是中国红土镍矿资源非常贫瘠。为了发展不锈钢工业，中国每年都要大量进口红土镍矿，国家对镍的进出口政策是鼓励进口，限制出口，中国镍矿及精矿的进口关税为 0，出口关税为 15%。2014 年印尼禁止镍矿出口时，虽然国内镍企业已经开始找渠道在印尼建厂直接生产镍生铁或者找渠道从菲律宾进口，但是远水解不了近渴，短期内印尼镍生铁厂还在建设，而菲律宾镍矿的品位参差不齐，大量的贸易商开始囤镍矿、囤镍板。当时上期所还没有上市镍金属期货，伦敦金属交易所镍与无锡镍价大幅上涨，投资者也抓住机会在期货市场建仓做多，镍金属化身“妖镍”引发市场关注，开始了长达半年的快速疯涨。

上海期货交易所镍标准合约见表 17。

（2）嘉能可断臂救锌

有一种有色金属被誉为“生命之花”“智力之源”“婚姻和谐素”，它就是金属锌。对于人体而言，锌是一种必需的微量元素，缺锌就是指缺少锌元

表 17　　上海期货交易所镍标准合约

项　目	合约内容
交易品种	镍
交易单位	1 吨/手
报价单位	元（人民币）/吨
最小变动价位	10 元/吨
涨跌停板幅度	上一交易日结算价 ±4%
合约月份	1—12 月
交易时间	上午 9：00—11：30，下午 1：30—3：00 以及交易所规定的其他交易时间
最后交易日	合约月份的 15 日（遇国家法定节假日顺延，在春节月份等最后交易日，交易所可另行调整并通知）
交割日期	最后交易日后连续 5 个工作日
交割品级	标准品：电解镍，符合国标 GB/T 6516 - 2010Ni9996 规定，其中镍和钴的总含量不小于 99.96% 替代品：电解镍，符合国标 GB/T 6516 - 2010 Ni9999 规定，其中镍和钴的总含量不小于 99.99%；或符合 ASTM B39 - 79（2013）规定，其中镍的含量不小于 99.8%
交割地点	交易所指定交割仓库
最低交易保证金	合约价值的 5%
交割方式	实物交割
交割单位	6 吨
交易代码	NI
上市交易所	上海期货交易所

资料来源：上海期货交易所。

素，这种元素在人体生长发育、生殖遗传、免疫、内分泌等重要生理过程中是必不可少的物质，发挥着极其重要的作用。对于工业而言，金属锌也起到非常重要的作用，同样是不可或缺的原料。由于其良好的金属性能，锌的消费在有色金属中仅次于铜和铝。

随着全球资本的介入，锌矿资源逐渐出现寡头垄断的迹象。大型矿企业占有大多数锌资源，拥有很强的话语权。在有色圈，“嘉能可”不能不提，其是全球大宗商品交易巨头，第一大锌制造商。前身由亿万富翁马克·里奇（MarcRich）创建于瑞士苏黎世，最早是一家贸易商，随着国际化进程的不断深化，它与上游的联系日趋密切，后来与矿业大亨斯特拉塔合并，形成了国际原料行业的“庞然大物”。嘉能可“贸易+自产”的锌交易总量、自有资源以及储量分别占全球的35%、10%和9%，可以说嘉能可在锌产业链占到了半壁江山。然而，“欲戴皇冠必承其重”，一旦价格下跌，庞然大物嘉能可面临着巨大的敞口风险。2015年对于嘉能可而言是多灾多难的一年，连续4年大宗商品处于下跌通道中，经济放缓与货币的收紧，使得需求出现下滑。2014年底伦敦金属交易所仓储实行新规，嘉能可原来利用伦敦金属交易所仓库控制出货、提高升水、赚取仓储租金以及进行库存融资的盈利模式也遭到破坏，2015年上半年的营业收入下滑接近1/4，净利润同比下滑接近1.5倍，股票也随之暴跌87%，公司债券被机构看空。当时的嘉能可风雨飘摇。

为了突破困局，嘉能可在2015年10月9日宣布暂停锌矿50万吨产能项目的生产，该减停总量相当于全球总产量4%的锌产量，当日锌价飙涨超7%。嘉能可断臂求生，减产、停产和出售矿山库存等自救措施，影响了市场供求平衡。2016年商品市场整体复苏，锌表现亮眼，由于嘉能可的自救涨幅接近1倍，而嘉能可通过削减锌矿产量以及掌控市场精炼锌流通量从而推高锌价非常成功，2017年由往期的每股亏损转为每股盈利0.17美元。

（3）凛冬将至，抱团取暖的国内锌企业

世界上最早发现并使用锌的国家是中国，不过最早被人们使用的并不是“白色薄层”的金属状锌，而是人利用锌矿石和铜熔化制得的合金黄铜。金属状锌获得非常不易，因为碳与锌矿供热时温度很快就高达1 000摄氏度，而锌此时由于沸点低早就成为蒸气随烟而逝，不易被发现。在10—11世纪中国是首先大规模生产锌的国家。

中国锌资源储量位居全球储量第一位，锌矿产量也居首位，中国的铅锌矿主要集中在内蒙古、云南、甘肃、广东、四川和湖南。中国锌矿储量虽高，但全球性的大型矿山较少，世界前十个大型铅锌矿山中中国只有兰坪金顶铅锌矿。这主要是因为中国铅锌矿资源自身品位与分布特点的限制，富矿少，低品位矿多；大型矿床少，中小型矿床居多；伴生性矿物较多，矿石复杂，增大了矿物开采难度。自2000年以来，中国一直是全球最大的锌生产国和消费国，截至目前中国锌产量占全球锌产量的1/3，每年中国都要大量进口锌精矿作为冶炼的原料。

2015年由于锌价连续下跌，一度跌破锌矿企业的成本，位于中游的冶炼厂也处在风雨交迫之际。凛冬将至，为了生存，2015年11月国内锌骨干企业开始抱团取暖，限产报价，至此上游开始的供应紧缩逐步传导至中游，一方面如果顺利减产，则供应出现实际收缩，在需求不变或者好转的情况下，能够从基本面支撑价格上涨；另一方面，对于追逐机会的投资者来说，减产消息好比号角响起，市场预期向好，情绪出现转变。在期货市场出现大量多头，沪锌期货合约单边价格连续上涨（见表18）。

表18　上海期货交易所锌的标准合约

项　目	合约内容
交易品种	锌
交易单位	5吨/手
报价单位	元（人民币）/吨
最小变动价位	5元/吨
涨跌停板幅度	上一交易日结算价±4%
合约月份	1—12月
交易时间	上午9：00—11：30，下午1：30—3：00以及交易所规定的其他交易时间
最后交易日	合约月份的15日（遇国家法定节假日顺延，在春节月份等最后交易日，交易所可另行调整并通知）

续表

项　目	合约内容
交割日期	最后交易日后连续5个工作日
交割品级	标准品：锌锭，符合国标GB/T470－2008 ZN99.995规定，其中锌含量不小于99.995% 替代品：锌锭，符合BS EN 1179：2003 Z1规定，其中锌含量不小于99.995%
交割地点	交易所指定交割仓库
最低交易保证金	合约价值的5%
交割方式	实物交割
交割单位	25吨
交易代码	ZN
上市交易所	上海期货交易所

资料来源：上海期货交易所。

小贴士

锌的加工冶炼费包括协定加工费和价格分享收益两部分。协定加工费就是合同上达成的锌精矿加工冶炼费用。价格分享收益分为两类。如果精锌年均价大于协议基准价，则用精锌年均价与基准价之差再乘以上浮比例，算出“上浮浮动收益”，这部分收益是用来补偿精锌价格上涨给冶炼企业带来的潜在损失；如果精锌年均价小于协议基准价，则用精锌年均价与协议基准价之差再乘以下浮比例，算出“下浮浮动收益”，这部分收益是用来补偿精锌价格下跌给矿产商带来的潜在损失。最后，将协议加工费和价格分享收益相加即得出锌的实际加工费用。由此可知，锌冶炼企业对每年签订的协定加工费和价格分享收益都相当敏感，锌的加工冶炼费高低也会影响到冶炼企业未来的增产或减产动力。

（4）环保限产对铝价的三连击

地壳中最丰富的金属是铝，它占整个地壳总质量的7.45%，仅次于氧和硅，位居金属元素的第一位，是居第二位的铁含量的1.5倍，是铜的近4倍。脚下的泥土随意抓一把，可能都含有许多铝化合物。但由于铝的化学性质活泼，一般的还原剂很难将它还原，因而铝的冶炼比较困难。铝从发现到制得纯铝，经过了十几位科学家100多年的努力。目前主流铝冶炼法是以氧化铝为原料、冰晶石（Na3AlF6）为熔剂组成的电解质，在950℃—970℃的条件下通过电解的方法使电解质熔体中的氧化铝分解为铝和氧，铝在碳阴极以液相形式析出，氧在碳阳极上以二氧化碳气体的形式逸出。电解铝工业是电力密集型产业，对电力的需求量很大，铝有“固定电”之称。

国内铝企的电大致可分为三种：自备电、外购电以及50%的电力自给+50%电力外购。在自发电成本明显低于外购电的情况下，国内70%左右的电解铝产能都拥有自备电厂，但受煤炭资源的限制。

伴随着中国经济的发展，前期粗放式的发展忽略了环境，如今“青山绿水就是金山银山”，蓝天保卫战打响。铝价受到自身供应收缩、原料涨价以及辅料价格上涨的三连击，市场预期偏多，期货市场上沪铝价格在成本支撑与供应缩量的背景下触底反弹。

背景小故事

铝王冠

传说在古罗马，有人去拜见罗马皇帝泰比里厄斯，献上一只由新提炼的金属制作的杯子，杯体闪闪发光，但分量很轻。皇帝担心这光彩夺目的新金属会使他的金银财宝贬值，便下令斩了这位发明家。这种新金属就是现在大家非常熟悉的铝。19世纪以前，铝是一种稀罕的“贵”金属，价格甚至贵比黄金。1889年，为了表彰门捷列夫的伟大勋业，他被赠予一件贵重奖品——用金和铝制作的天平。

(5) 罢工的扰动，铜价每年要讲的故事

在意大利的都灵市保持着一张莎草纸，这种类似于中国古代竹简概念"纸"是古埃及人广泛采用的书写载体。都灵市的莎草纸上记录着一个事件，讲述了埃及法老王拉美西斯三世在公元前十二世纪在位期间，皇家墓园的工人发起了罢工。这是一般历史学家认为的世界上的第一场罢工，显示着工人阶级首次获得重视。在现代，铜市场每年都会有这样的消息：某铜矿开始出现罢工。与其他影响供应的因素一样，罢工使得短期无法正常开工从而影响供应的量，影响的多少则要视罢工天数和参与人数而定。

规模排名第一至第四位的超级铜矿均位于智利，全球最大的铜矿是智利的埃斯康迪达铜矿，主要由必和必拓控股。随着物价的上涨，矿工们认为薪资待遇并没有得到明显改善，而矿商则早已赚得盆满钵满，为了提高待遇改善生活条件，矿工会要求与开采商展开谈判。工会在谈判时多会为劳方努力争取更好的待遇，而罢工往往会成为谈判陷入僵局时劳方的重要武器。2016年以来，铜矿由于罢工、自然灾害等影响导致供应中断的事件不断。

每当罢工事件的消息开始在媒体上传播，铜价多多少少都会受到影响。从长期而言，罢工会改变供需情况，罢工时间越长，对于矿企业正常生产影响越大，该年度供应量受到的影响也越大。从短期看，市场投机者则会乘此机会建立多头头寸，在期货市场打"突击战"。每年研究机构都会计算罢工对于铜矿量的实质影响，虽然有时影响并不显著，但铜市场每年依然会讲这个故事。

(6) 金属真实进口 vs 盘面内外套利

大航海时代，人们开启了海洋与未知大陆的探索，伴随而来的是贸易的大发展，越来越多的货物通过船运至各个国家。

金属真实的进出口，主要是在资源国与需求国之间流转。

随着中国工业化程度上升，每年都有大量的金属成品和原料运送到中国。

由于受到产销地情况以及政策影响，每年的进出口量都有不同，不同月份受天气等因素影响，到货量也不相同，相应地会影响对应期间的供需关系，从而影响有色金属价格。这些供需变化信息的传递速度越来越快，预期变化也会体现在有色金属期货的价格上，伴随着真实进口贸易的发展，盘面内外套利交易也迅速发展起来。目前主要的有色金属交易所是伦敦金属交易所与上海期货交易所。当国内外有色金属供需结构不同、进出口变化时，内盘（上海期货交易所）与外盘（伦敦金属交易所）对同一品种价格比值（进口盈亏）出现变化，套利者可以迅速通过盘面进行买国内品种抛国外同一品种（例如，预计内盘/外盘价格上升），或者反向交易。对应海运3个月船期，期货上套利合约主要集中在现货当月后的3月合约。通过真实贸易物流与盘面内外套利，进出口调节了铜市场内外供需结构。

小贴士

虚盘套利与实盘套利

“实盘”跨市场套利是指在国内价格相对国外价格偏高（偏低）时进口（出口）商品并通过交割获得盈利的行为。“虚盘”跨市场套利是指仅仅在国内外两个期货市场建立套利头寸，当价差恢复均衡状态后便获利平仓，而并不涉及实物运输、易交割的套利行为。

（7）短期汽运限制，锌铝套利有机会

2011年之前由于产能过剩、供需失衡，电解铝价格不断下跌，同时电费成本不断上升，中国铝行业陷入亏损状态，特别是中东部的电解铝大省，资源和能源已不具备优势，优惠电价的政策被取消后，生产经营面临极大的困难，产能增量下降。与之相对的是西部地区，特别是新疆地区蕴藏着丰富的煤炭和天然气等资源，由此形成的低廉的电力成本对电解铝企业的进驻有着极大的吸引力。国家的产业政策也支持电解铝产能向西部转移。由此掀开了新疆电解铝产能建设热潮，新疆电解铝产能快速上升。

由于目前铝消费地主要集中在华东、华南，向西延展的产能版图使运输距离大幅拉长。2016 年有色金属锌、铝价格都出现了大幅上涨，但是 9 月原本涨幅强势的锌金属，却被铝夺取了光辉。原因就在于短期汽运问题。“9·21”汽运新规所造成的运力短缺问题在放大阶段性供需错配的同时，也令铝锭的供需矛盾进一步激化，由此吸引了大体量的投机资金做多铝，甚至根据汽运影响程度不同，有套利者进行买铝抛锌的操作（见图 5）。

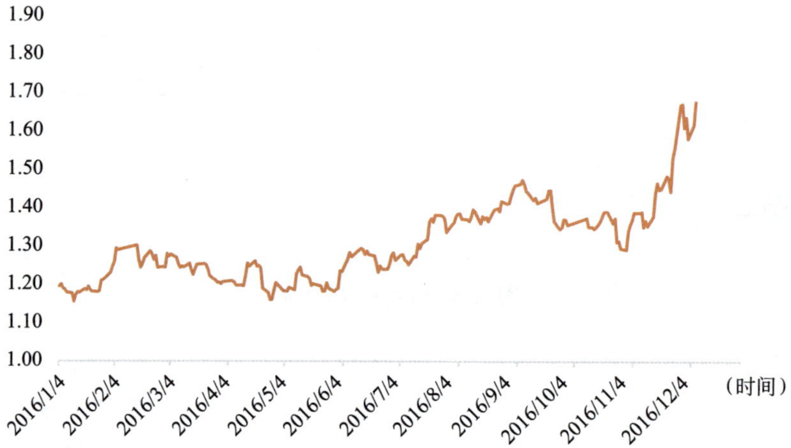

图 5　锌铝比价图

资料来源：Wind。

这次汽运新规，全称是《超限运输车辆行驶公路管理规定》，目的是治理公路运输超限超载。造成的两个直接结果是：降低了单车的运输重量，同时提高了货物的每单位运输成本。该新规出台之后，锌锭、铝由于原料与运输问题，短缺情况更加明显。运力受阻，一方面是铝锭汽运量下降，而另一方面则因煤炭等汽运费用上调之后，多转向铁路运输，也对铝锭的铁路运力形成了显著的挤压；同时，铝锭运输成本及原料成本齐涨。短期汽运问题，带来了供应的快速收缩，在铝多头资金的刺激下进一步推动了铝价上升。

3. 库存都去哪里了

我们在生活中都希望年年有余，这些富余的货物就变成了库存。库存是一个动态的数字，它有什么作用呢？可以把库存想象成蓄水池，可以调节供应与需求节奏，保证企业正常生产与销售。有色金属可以长期储存，不会出现如农产品大幅变质的情况；而且有色金属单吨价格偏高，有时候在低位也会出现长期战略储备。

（1）库存在哪里可以找到

有色金属的库存以各种形式存储在产业链的每个环节。就拿金属铜来说，上游矿山会存在铜矿库存，冶炼厂有原料库存，产成品是电解铜库存，贸易商有现货库存，期货交易所有交易所库存，下游加工企业会有原料库存和铜材成品库存，终端企业也会存在部分铜材成品库存。这么多的库存形式，投资者最关注的还是期货市场上的标的物库存——铜板的库存总量。如果库存偏高，同时库存/消费比值高，对市场来说是个坏消息，也就是说到处都是货物无法销售，那么为了回笼资金，持有货物的冶炼厂贸易商可能要降价销售，价格易跌难涨；反之库存偏低，则会使价格波动增加，投机者愿意囤货居奇、抬升价格。

由此可见，铜板库存可以直接影响价格趋势，也可以影响市场参与者的判断从而引起价格波动，因此库存是有色金属期货价格的重要指标。如果可以观察到一个品种所有的库存变动情况，那么就可以清晰地感受到该品种的供需结构与矛盾，从而根据趋势做出价格判断。可惜，我们只能看到很少一部分的库存数据，这部分的库存数据被称为显性库存，另外一部分看不到的数据被称为隐性库存。多数情况下显性库存的趋势变化和总库存趋势变化相同，因此大体上可以用显性库存作为参考。以铜为例，常见的显性库存笼统地指三大交易所库存（伦敦金属交易所、上海金属交易所、纽约商品交易所），可以统计到现货库存（厂内库存、非交易所贸易商库存），还有保税库存。铜板库存分布在全球各地，就伦敦金属交易所而言就拥有多个仓库，在美洲、欧洲与亚洲目前共有26个仓库；上海期货交易所库存主要分布在华东与华南的消费地。

库存的增长变化符合供需的季节性变化，在需求旺季对应库存也是消化最快的，而在淡季则相对增加。有色金属库存周期也符合工业品整体周期，“四季”表现为主动去库存、被动去库存、主动补库存、被动补库存四个阶段。从这个维度分析去库补库情况，也可以看出供需变动情况，从而对价格产生定位作用。主动补库存，说明需求旺盛、是企业生产规模和开工率不断扩张的过程，如果库存从低位开始上涨，库存消费比偏低，价格偏强；被动补库存则是真实需求难以跟上开工扩产的步伐，库存消耗变高，价格开始走下坡路。主动去库存则是后面需求更快速萎缩，企业被迫停止开工，降价销售，从而库存开始下降，这是价格加速下跌到止跌平稳的过程；被动去库存则是下游需求恢复，库存被动下降的过程，对应价格也会出现反弹。

（2）有色库存的乾坤大挪移

“天下熙熙皆为利来，天下攘攘皆为利往”，货物的流转离不开利益的驱动。由于物流的时间问题、国内外供需结构的不统一等问题，常常出现有色金属库存乾坤大挪移。最常见的三种大挪移是：保税库存到国内现货库存大挪移、显性库存到隐性库存大挪移、交易所库存之间的大挪移。

其实这三种大挪移都是利益的驱动，可以通过进口盈亏情况以及现货结构来分析。这三种大挪移不是单独存在的，而是更复杂的生态圈。以铜为例来分析这些来回流动的货物，驱动利益有三个：一个是进口利润，一个是融资利润，还有一个是迁移仓位带来的利润。它们之间连接的关键在于地域升水，利差、息差，价格结构。

地域升水体现了不同地区供需结构不同，当利差、息差不明显的时候，地域升贴水驱动了从生产国到消费地区的运送，进口利润好，货物会涌入该区域的库存（隐性与显性）。而利差与息差则会形成隐性库存，逐步形成蓄水池，当蓄水池形成后会加速进口盈亏带来的流转，则隐性库存变为显性库存。如果价格结构有利，则部分注册仓单跑到期货盘面，同时国内冶炼厂也交割一部分货物，使得国内隐性库存变为显性库存。息差与利差带来的隐性库存可以被称为“融资铜”，用承兑汇票套取理财利差的贸易扭转需要，这一部分放到交易所交割仓库成本费用较高，没有必要注册仓单，所以不能体现在交易所库存上，同时盘面卖出进行保值即可，赚取银行承兑汇票贴息和理财产品之间的利差。如今银行审核比较严格，需要真实的贸易单证、提货单等作为背书，因此有部分境内铜是锁定在这部分套利上的，只要套利空间仍然存在，这部分内贸提供的包装业务的影子库存就一直锁定。

除了中国交易所库存，国外还有伦敦金属交易所（LME）库存和纽约商品交易所（COMEX）库存，当库存总量不变的时候，也存在交易所库存的此消彼长。但交易所库存的变化，不是单纯的交易所之间乾坤大挪移，也是通过利益相连的。境外 LME 库存的下降和上海期货交易所与美国 COMEX 库存上升不是直接关系。就国内而言，保税区库存蓄水池可以更快地流入国内，LME 没有获准中国保税区交割仓库资格，要对比保税区与 LME 之间的升水差距，直接从 LME 交割拉货进口比例是比较小的。LME 库存下降如果伴随着价格结构的剧烈变动，比如现货价格远远大于远月价格，库存是真实消耗，但是常常会看到这样的现象：价格结构还没有发生剧烈变动，库存就在缓慢消耗。LME 库存的下降与国外的大贸易商有关，也就是转变为境外的隐性库存。从 LME 公布的持仓可以看到个别大户持仓占比高、垄断仓单，有时候注销仓单也能出现快速上升，目的主要在于控制货物来挤仓空头，也就是挤出赚取迁仓利润的空间。实际上 LME 的货物可能并没有从仓库搬出，只是从 LME 监管仓库划到非监管的范围，是左手变右手的游戏，把显性库存变为隐性库存。同样当全球精铜流入中国升水不划算，而美国进口需求上升的同时，在美国融资成本的变化，导致铜的货物会在显性库存和隐性库存之间变动。

单独看某一交易所显性库存意义并不大，对于价格而言，应该看增量的整体变化。库存搬来搬去是由利益驱动的存量故事，可以帮助我们看清市场的微观结构，在期货市场寻找交易机会和更好的投资标的。

小贴士

库存的好兄弟——价格结构

有色市场经常会听到两个英文单词："Contango"和"Back"。翻译成中文就是"贴水"与"升水"，或者称为"期货溢价"与"现货溢价"。"Contango"是指在正常的供求关系下，现货相对低于期货价格，近期合约低于远期合约价格。由于近低远高的合约间基差关系反映了正常的持仓费状况，因此也称为正向市场。"Back"是指在特殊情况下，现货价格高于期货价格（或者近期月份合约价格高于远期月份合约价格），基差为正值。在反向市场上，随着时间的推进，现货价格与期货价格如同在正向市场上一样，到交割月份会逐步趋向一致。

（3）交不进"货"的期货库存

"世界上没有两片完全相同的树叶"，市场上流通的铜板、锌锭也不是完全相同的，工艺的偏差带来的是品质的偏差。期货是远期的标准品货物，标准品的界定也会区分品质差距，不是所有商品都可以进入期货仓库进行交割，如果有货但不是交割品，会对价格带来什么样的影响?

要了解交割品的影响，首先要了解什么是交割。有色金属期货涉及的交割是指实物交割，也就是当期货合约到期时，交易双方对期货合约所承载的商品的所有权进行转移，了结到期未平仓合约的过程。就是将符合标准的铜板、电解铝、锌锭、铅锭、镍板等进行物权转移，如果空头准备去交割，但是发现产品不符合交割标准，势必要再次购买交割品，这会带来短期交割品的供需结构变化。现实交易过程中市场了解这一现象，多头就会进行逼仓。2015 年金属镍期货刚上市的时候，就曾经因为交割规定而引发一场逼仓风波，镍价出现大幅波动。基于当时交割品偏少且金川镍采购困难，多头预计空头难以拿出标准品进行交割，因此开始拉升价格。在交易所尚未增加交割品牌之前，国内镍期货大幅上涨，和当时无锡电子盘也形成大幅价差。镍期货上市之前，国内企业主要是在国外 LME 市场和国内无锡不锈钢电子盘的镍品种进行套期保值操作。由于中国镍资源比较紧缺，市场上流通的主要产品是进口镍（主要是俄镍），现货电子盘当时以“俄镍”作为基准品，国内金川镍因为品质更高，存在 500 元/吨的升水。短期镍的基本面变动并不大，但是由于期货标准品偏少无法进行交割，期货上金属镍价与无锡盘价差从 2 000 元/吨拉升至 10 000 元/吨，远远高于平时的价差。这场大幅上涨的疯狂局面直到后期交易所增加交割品与部分多头谈话后才逐步回归正常，但“妖镍”之名从上市伊始便这样深深刻入了交易者心里，在有色金属交易圈抹下了浓墨重彩的一笔。

交割品与不可交割品会创造逼仓行情，交割品不同的品质也会带来很好的交易机会。可以交割的商品会根据品质再次划分，比金属锌品质更好的锌是升水锌，比一般交割的平水锌价格更高。市场在实际贸易交易过程中，升贴水有时候会与交易所标准的品种升贴水不同，这种差距也会给有色金属交易者以机会。比如观察现货市场各种锌的等级价差，不断地从现货市场找性价比较差的锌卖出交割到期货市场，同时从期货市场买入交割性价比较高的锌，销售到现货市场，赚取价差。

背景小故事

新中国第一块锌锭

中国最早的锌冶炼技术可以追溯到明朝末年，新中国成立以来的第一块锌锭则是由葫芦岛锌业股份公司（前葫芦岛锌厂）生产的“葫锌”牌锌锭。葫芦岛锌业股份作为中国竖罐炼锌的鼻祖，其生产的“葫锌”牌锌锭因品质良好，改革开放初期便率先打进欧美市场，远销 40 多个国家和地区。时至今日，葫芦岛锌业股份作为东北和华北地区大型重有色金属冶炼企业，其产品广泛应用于冶金、机械、电子、医药、化工、军工等行业，畅销国内外。

（三）与时俱进，有色金属期货的新玩法

有色金属从地脉走出，伴随工业科技的发展步入生活的各个领域，供需影响着价格起伏。规避价格波动风险的方法也不断扩展，有色金属期货打开了新的篇章。这些新工具、新玩法是怎样产生和发展的？会带给有色金属圈什么影响？

1. 国内首个工业品期权——铜期权

期权作为衍生品工具之一，极大促进了金融衍生品市场的发展，它的出现与一场金融泡沫密切相关。16 世纪中期，郁金香从土耳其被引入西欧，人们对这种植物中的新品和稀有品种竞相追逐，时尚风潮演变成了一场投机狂热，郁金香的价格不断攀升。1637 年，一株名叫“永远的奥古斯都”的郁金香售价高达 6 700 弗罗林，这笔钱足以买下阿姆斯特丹运河边上的一幢豪宅。博傻投机暴露出人性的贪婪，一场投机泡沫终归没能逃过破灭的宿命。“郁金香泡沫”成为人类历史上第一次有记载的金融泡沫。

受郁金香泡沫的影响，1872 年金融学家罗素·赛奇在美国开创了场外期权交易；受到 CBOT 市场“小麦大跌案”的影响，1936 年，美国商品交易法禁止所有商品场内和场外期权交易，直至 1973 年芝加哥期权交易所的成立，才标志着期权交易正式进入规范化的全面发展阶段。继美国之后，英国、日本、加拿大以及中国香港等相继建立了期权交易市场，开展铜期权的交易所主要有 LME（伦敦金属交易所）和 COMEX（纽约商品交易所）。其中 LME 是世界上最大的铜期货市场，其铜期货期权在 1987 年推出。COMEX 是世界第三大铜期货交易所，其铜期货期权则在 1988 年推出。

2018 年 9 月 21 日，中国首个工业品期权——铜期权在上海期货交易所正

式挂牌交易，成为国内第四个场内期权品种。铜期权合约的标的物为阴极铜期货合约，合约类型主要有看涨期权和看跌期权，行权的方式为欧式，即只能在到期日行权；合约月份与上市标的期货合约相同（见表 19）。

表 19 铜期权合约

项　目	合约内容
合约标的物	阴极铜期货合约（5 吨）
合约类型	看涨期权、看跌期权
交易单位	一手阴极铜期货合约
报价单位	元（人民币）/吨
最小变动价位	1 元/吨
涨跌停板幅度	与阴极铜期货合约涨跌停板幅度相同
合约月份	与上市标的期货合约相同
交易时间	上午 9：00—11：30，下午 1：00—3：00 以及交易所规定的其他时间
最后交易日	标的期货合约交割月前第 1 月的倒数第 5 个交易日，交易所可以根据国家法定节假日调整最后交易日
到期日	同最后交易日
行权价格	行权价格覆盖阴极铜期货合约上一交易日结算价上下 1 倍当日涨跌停板幅度对应的价格范围。行权价格≤40 000 元/吨，行权价格间距为 500 元/吨；40 000 元/吨＜行权价格≤80 000 元/吨，行权价格间距为 1 000 元/吨；行权价格＞80 000 元/吨，行权价格间距为 2 000 元/吨
行权方式	欧式，到期日买方可以在下午 3：30 之前提出行权申请、放弃申请
交易代码	看涨期权：CU－合约月份－C－行权价格 看跌期权：CU－合约月份－P－行权价格
上市交易所	上海期货交易所

资料来源：上海期货交易所。

铜期权的上市为实体企业提供了更为灵活、更为多样化的风险管理工具。在期权加入后，能够派生出期权与期权、期权与期货等多种对冲套利模式。与此同时，企业在参与期权市场的过程中，不仅需要掌握期权原理、精心设计方案，还需要制定严格的风控措施，这可对中国有色金属行业的风险管理水平起到很好的促进作用。

2. 有色金属仓单质押融资

典当是人类最古老的行业之一，堪称现代金融业的鼻祖。经考证，中国的典当业萌发于东西两汉，经历了 1 600 多年的历史沉浮。《后汉书・刘虞传》记载：“虞所赉赏，典当胡夷。”通过收取物品作为抵押，贷放现款，到期收回本金和利息，便是南北朝时期典当业务的状况。

典当业务在一定程度上解决了个人的融资问题，而在期货市场中，有一种业务模式与典当类似，但相较于古老的典当行业要年轻许多，这便是标准仓单质押融资业务。随着中国期货市场的快速发展，期货市场的成交量不断增长，三大交易所标准仓单市场的保有量明显增加，为仓单质押融资业务的发展提供了良好的土壤。

期货合约本质上是期货交易所统一制定的、规定在未来某一特定的时间和地点交割一定数量标的物的标准化合约。合约到期以后，通过到期交割实现交易双方所有权转移，到期交割是连接期货市场和现货市场的桥梁。与期货市场巨大的交易量相比，实物交割的比例相对较低，但为保证交割双方能够对交割的实物达成一致意见，避免违约行为和纠纷，标准仓单便出现了。标准仓单是指符合期货交易所统一要求，由指定交割厂库在完成入库商品验收、确认合格后签发给货主用于提取商品，并经交易所注册生效的标准化提货凭证。企业经营过程中因库存商品的积压造成短期流动资金不足，通过自有的标准仓单作为质押向金融机构取得贷款，能够有效缓解企业经营压力。

企业可以通过商业银行仓单质押和交易所仓单质押来获得融资贷款，部分风险管理子公司也可以提供仓单质押融资业务。有色金属交易历史悠久，国内外的交易规模较大，品种交易也相对活跃，大型商业银行针对有色金属的标准仓单质押融资业务的模式相对成熟。

3. 上期标准仓单交易平台

江苏海安作为中国东部沿海节点城市，坐落于南通、盐城、泰州三市交界处，有着承南启北、引东牵西的区位条件。周边企业在采购和交割有色金属原材料时，过去需要依靠上海、无锡两地的交割库，通过卡车长途运输，每吨金属材料的运费近 50 元/吨。2013 年 3 月，江苏百金汇物流有限公司成功获批成为上期所铝、锌指定交割仓库，并成为苏中苏北唯一经上期所批准的有色金属期货交割库。交割库的设立为海安及周边地区的企业采购有色金属提供了便利，节省了物流运输成本。2018 年 5 月，随着江苏百金汇物流有限公司成为上海期货交易所 30 家首批标准仓单交易业务指定交割仓库之一，企业通过标准仓单交易平台进行仓单的交易、交割、结算变得更加方便。

上期标准仓单交易平台作为上期所打通期货市场服务实体经济发展“最后一公里”的服务平台，依托现有期货交易、结算、交割、风险控制、仓单管理和仓储体系，为实体企业提供开户、交易、结算、交收、票据、风控等综合性服务。2018 年 5 月 28 日，平台以铜、铝作为试点品种，开展标准仓单线上交易业务，产业客户参与度不断提升，促进了仓单流转。随后，平台新增了铅、锌、锡、镍有色金属品种，与上期所现有有色金属期货品种相对应。

标准仓单交易是期货业务的重要组成部分，是期货市场服务于实体经济的一项重要举措。上期标准仓单交易平台上线后，解决了期货市场交易标准化与客户需求多样化之间的矛盾，以及期货交割买方分配的仓单与实际需求不完全相符的问题。企业能够利用平台进行线上购销仓单，并择取合适的交割库进行交割，规避了交割物的品质风险以及交割厂库的区域分布问题，有效地满足了客户风险管理需求，使期货市场更加有效地服务实体经济发展。

4. “金刚葫芦娃”有色金属指数期货

2002年春夏之交，在德国西陲的帝王之都亚琛城，著名的欧洲大奖“卡尔奖”第一次颁发给了一个理念，这个理念就是欧元。欧元是欧盟中多个国家的统一货币，也是非欧盟中6个国家（地区）的货币，象征欧洲经济和政治的一体化。欧盟实行统一货币后，能够节省巨额交易成本，并使得经济效益最大化。与欧元的理念类似，有色金属行业中的铜、铝、锌、铅、锡、镍等品种像“金刚葫芦娃”中的“葫芦兄弟”，联合起来后的能量巨大。

商品期货价格指数集中体现了商品期货价格水平总体趋势变化。这种指数的波动，包含了期货市场上需求与供给等状况，并且由于期货市场的价格发现功能，蕴含了对现货商品价格未来走势预判的有效信息。伦敦金属期货交易所（LME）编制发布的伦敦金属期货指数（LMEX），包含了铜、铝、铅、镍、锡、锌六种主要金属期货合约价格，成为反映全球最大、最具流动性的金属合约交易市场表现的指数。2016年12月上海期货交易所发布的自主研发的“上海期货交易所商品期货价格指数系列”中的2个综合指数和6个板块指数，同样也较全面地反映了上期所金属、工业品合约交易价格的总体走势。此外，许多市场研究机构和期货交易所还发布了其他如农业品类期货价格指数、能源类期货价格指数和特定品种的价格指数，如南华玉米指数、南华大豆指数等。指数作为判断市场运行规律的重要参考正逐渐受到投资者的重视。

上海有色金属价格指数（SMMI）作为中国有色金属市场的参考价格指数，是中国有色金属市场发展史上的一件大事，其全面、客观地反映了中国有色金属市场的整体状况、景气程度和价格总体走向，起到了市场风向标的作用，有利于行业内的企业和相关行业依据指数变化，分析市场形势。部分品种指数成为矿山、冶炼、加工产业链企业产品交易价格的参考和结算依据。其编制主要依据价格指数理论，采用加权调和平均数法和交叉权数法，选择产量占全国有色金属总产量 90% 以上的铜、铝、铅、锡、镍品种为代表，充分体现了中国有色金属市场的规律。

上海有色金属价格指数（SMMI）不是可以交易的期货合约。能够交易的指数期货是指以指数作为基础资产的期货合约，如股指期货。目前国内能够交易的股票指数期货包括沪深 300 股指期货、中证 500 股指期货、上证 50 股指期货。

近年来，有色金属期货交易规模持续稳步增长，上期所有色金属期货品种成交量不断扩大，并且有色金属期货是现有期货市场上最为成熟、国际影响力最大的商品板块，国内首个商品指数期货——有色金属期货品种箭在弦上。上海期货交易所正积极推动有色金属指数期货上市，与现有沪深 300 指数期货相同，该指数期货也将采用现金交割方式，标的为上期所发布的有色金属期货价格指数。

有色金属指数期货的推出将完善对抗通胀的衍生工具，为企业提供更加综合的对冲相关行业风险的工具，为极端行情下投资者实现风险对冲提供新工具。在满足机构投资者抗通胀、多元化需求的同时，将为商品期货市场注入稳定、长期的资金。

贵金属篇

金银一直伴随着人类社会文明的发展，几乎与人类的历史一样古老。从历史来看，金银的属性也在不断演变，大致经历了由货币属性主导、商品属性主导、金融属性主导到货币属性、商品属性和金融属性共同作用的四个阶段。20 世纪后，我国金银市场迅速发展，目前已初步形成了上海黄金交易所黄金现货及衍生品市场、上海期货交易所黄金期货市场和商业银行柜台市场，其中以集中统一的上金所为核心，以二级市场为主体，以多元衍生品市场为支撑的多层次、全功能的市场体系。2017 年，上海黄金交易所交易额跃居全球场内黄金现货市场第二位，已成为世界黄金市场的重要组成部分。2018 年，上海期货交易所的白银期货合约成交数在全球白银期货中名列前茅，黄金期货合约成交量在全球黄金期货合约中排名第三位。

（一）金银的前世今生

1. 海洋——浩瀚的大金库

黄金的元素符号来自拉丁文，原意是“光辉灿烂的黎明”。“黄金”一词在梵语中意为“在闪光”，在德语中含有“明亮”的意思，在意大利语中则代表着“黎明之光”。现在普遍认为，古代的黄金崇拜与太阳有着密切的关系。远古人对太阳充满了狂热的崇拜，在他们看来，只有太阳才能给人类带来光明。而和太阳一样散发着神秘光芒的黄金就是太阳的化身，拥有了黄金也就拥有了太阳，拥有了至高无上的权力和财富。

世界上黄金储量最为丰富的地方在哪里？说出来会让许多人难以置信，但事实的确如此——海洋。

海洋的面积占到地球的 70% 以上，就是在这些海水中蕴藏着大约 2 000 万吨黄金。然而这些黄金并不像大多数人所想象的那样静静地躺在海底等着被人捡走，而是大部分融合在这些海水中，和海水融为一体。但金子在海水中的密度非常低，提取的成本非常高。

基于目前现货黄金每盎司 1 490 美元的价格来计算，海水中所有黄金的价值大约有 29 800 万亿美元。2018 年美国的 GDP 总量仅有 20. 49 万亿美元，全球的 GDP 总量也才 85. 79 万亿美元，和这些黄金的价值比起来连个零头都不算。

这就意味着在全球这些海水中有着巨大的宝藏，可惜提取的难度很大。基本上一升水中所含的黄金只有十亿分之十三克。

人们可以开发利用的黄金，绝大部分还是在陆地上。世界主要产金国分布于南非、俄罗斯、加拿大以及美国。其他主要产金国还有非洲的津巴布韦、加纳，拉美的巴西、哥伦比亚，亚洲的中国、菲律宾，大洋洲的澳大利亚、巴布亚新几内亚。

我国金矿分布广泛，除上海市和香港特别行政区外，在全国各个省（区、市）都有金矿产出。已探明的金矿储量相对集中于我国的东部和中部地区，金矿在空间分布上比较不平衡。全国共有7个岩金生产基地，分别是胶东、小秦岭、燕辽—大青山、辽吉东部、湘黔桂三角区、鄂皖赣三角区、新疆北部。我国伴生金储量占全国金矿总储量的28%，绝大部分来自铜矿石，少量来自铅锌矿石，主要集中于江西、甘肃、安徽、湖北、湖南5省，约占伴生金储量的67%，其中江西居第1位。伴生金在我国占有重要地位，其储量所占比例大于世界伴生金的平均数，所以伴生金是中国金矿资源的一大特点。

小贴士

曾经有个叫作Ford Jernegan的人，早在19世纪90年代就计划在美国长岛附近设立海水处理厂，通过电解的方式从海水中提取黄金。Ford Jernegan说服当时非常有钱的人，向他们募集了100万美元，建立了Electrolytic Marine Salts Company来提取黄金。这个工厂设在偏僻的海岸，远离投资者的视线。1898年投资者们开始询问Ford Jernegan这个工厂的运营情况以及收益，但是Ford Jernegan带着这些钱消失了，留下的只有一个破乱不堪的旧工厂。

想一想

中国黄金储量第一市是哪里？（目前山东莱州已探明的黄金储量达2 000多吨，是名副其实的中国黄金储量第一市。）

2. 银针是否能验毒

我们在宫廷剧中经常看到一个场景，就是一个人被一杯毒酒毒死了，然后传唤过来一个太监，掏出一根银针，插入酒中，发现银针变黑了，就说明这酒有毒。

古时候常用这种方式来判断送给皇帝或者达官贵人们的饭菜是否有毒，这似乎已经成为一种传统。不过，以现在的眼光来看，这种方法有一定的科学性，也有一定的局限性。

因为银针验毒，要先知道这种有毒物质是什么？古时候最常用的一种有毒物质叫作“砒霜”，还有一种叫作“鹤顶红”，其实鹤顶红跟砒霜的成分是一样的，都是砷的氧化物。砷这种元素在自然界中经常以硫的矿石、矿物的形式存在，比如说雄黄还有雌黄。过去因为工艺限制，对于砷的提纯不够精细，制造出来的砒霜中会留有一定的硫的杂质。而银这种金属遇到硫元素时会发生氧化反应而变黑。所以古时候通过银针验砒霜的过程，实际上就是用银针检验硫的过程，真正的纯砒霜用银针是测不出来的。

银的化学性质其实并不活泼，在常温下不与氧反应，属于比较稳定的元素。如果长久暴露在空气中，则和空气中的硫化氢化合，表面变成黑色，形成黑色的硫化银。

小贴士

宋慈可以说是世界法医界的鼻祖。他在《洗冤集录》中记载过使用银钗来检验尸体是否有中毒的表现。他使用的办法是把银针插入死者口中，然后用纸封好，过一段时间后把银针拿出来，如果发现银针变黑，擦洗也不能去掉，就认为这个人有中毒的表现。这种方法现在看来也值得怀疑。一方面，如上文所述，他验出来的并不是毒而是硫；另一方面，就是人体腐烂之后会产生硫化氢。硫化氢中也含有硫，当银针遇到人体腐烂而产生的硫化氢的时候也会变黑，不管这个人中毒与否。现在有一整套非常完整的科学仪器来检验各种各样的毒品，已经不再使用这种粗糙的方法了。

3. 发现美洲银矿——白银生产的分水岭

明朝时期海外白银的大量流入，结束了我国白银匮乏的状态，白银成为推动明朝经济货币化的重要力量。当时海外白银主要有两个来源：第一个是日本的白银，在唐代其遣唐使的贡品中往往可以看到白银，而其带回日本的物品中各类钱币屡见不鲜；第二个更具有意义的是美洲白银，通过各种贸易渠道流入中国，让中国白银货币化的进程不可避免地与地理大发现的第一次全球化紧密地联系在一起。

白银生产的重要分水岭是在1492年，冒险家克里斯托弗·哥伦布发现美洲新大陆。1545年，一个叫瓜尔巴的印第安人在安第斯山高地发现巨大银矿山，这座银山被喜出望外的西班牙人取名为“富山”（The Rich Hill），成为美洲一个标志性的事件。随着1563年在秘鲁发现提炼银子所用的水银，美洲白银开采全面发力，金融史学家金德尔伯格估算美洲白银最高年产量为300吨。1500—1800年，玻利维亚、秘鲁和墨西哥占世界白银生产和贸易的份额超过85%，其余份额主要来源于德国、匈牙利和俄罗斯等欧洲国家，以及智利和日本。

1850年后，其他国家白银产量上升，尤其是美国发现了内华达州的康斯托克矿和科罗拉多州的莱德维尔（Leadville）。1876—1920年，全球产银技术创新和新产地开发呈现爆炸式增长，加拿大、美国、非洲、墨西哥、智利、日本及其他部分国家继续发现新矿，产量也因此扩大一半，至每年5 386.4吨。尤其在19世纪最后25年内白银年产量是前75年平均产量的4倍，达到3 401.9吨。

20世纪20年代之后，由于高等级的矿石基本被耗尽，对低等级贱金属矿石的提炼、含银固体废物的再回收利用成为白银生产的又一重要来源。

根据美国地质调查局公布的“Mineral Commodity Summaries 2015”中的数据，全球银矿产资源储量约为570 000吨，主要分布在秘鲁、波兰、智利、澳大利亚等国家。中国的银矿产资源储量位居全球第 5 位，约为 43 000 吨，占全球储量的 7.54%（见表 20）。

表 20　全球银矿产资源储量具体分布

国　家	产量（吨）	产量分布（%）	储量（吨）	储量分布（%）
墨西哥	5 400	19.78	37 000	6.48
中国	4 100	15.02	43 000	7.53
秘鲁	3 800	13.92	120 000	21.02
澳大利亚	1 700	6.23	85 000	14.89
智利	1 600	5.86	77 000	13.48
俄罗斯	1 500	5.49	20 000	3.50
波兰	1 300	4.76	85 000	14.89
玻利维亚	1 300	4.76	22 000	3.85
美国	1 100	4.03	25 000	4.38
加拿大	500	1.83	7 000	1.22
其他国家	5 000	18.32	50 000	8.76
世界总量	27 300	100	571 000	100

资料来源：Wind，恒泰期货。

小贴士

白银生产主要分为矿产银和再生银两种。基于白银矿产资源多数是伴生，因此矿产银分为独立银矿原生矿产银和铜铅锌等基本金属伴生副产矿产银。再生银主要是从含银固体废弃物（如有价废渣、废件等）和贵金属表面处理的镀液、照相行业定影废液显影等废液中回收。

世界矿产白银生产主要集中在白银资源相对丰富的国家和地区，而再生银生产主要集中在一些白银消费大国。目前，中国、秘鲁、墨西哥、澳大利亚、玻利维亚、俄罗斯、智利、美国、波兰和哈萨克斯坦是世界最大的 10 个白银生产国。

我国白银产量主要来自铜铅锌金属副产，其余来自再生和独立银矿。由于国内铜铅锌等产量大幅增加，国内白银产量也随之增加。主要白银生产省份依旧集中于湖南、河南、云南和江西等地。据统计，我国白银总产量已位居世界第一位。

4. 全球最大的金银生产国——中国

2019 年 8 月 29 日，中国黄金协会发布《中国黄金年鉴 2019》，数据显示，2018 年我国黄金总产量为 513. 90 吨，其中自有矿产资源黄金产量为 401. 12 吨，与 2017 年同期相比减少 25. 02 吨，同比下降 5. 87%，但我国黄金产量仍稳居全球首位，自 2007 年以来已经连续 12 年位居全球第一。2018 年我国黄金产量占全球比重约为 11%，比 2007 年下降 0. 93%，与第 2 名的差距由 2007 年的 133 吨下降至 86 吨。

近年来，我国黄金行业规模不断扩大，在黄金产量持续增长的同时，产业链不断延伸，已形成从上游勘探、采选冶炼到加工及终端市场全覆盖的完整产业链，并且横向延伸，实现了从单一黄金生产向多金属并举的扩张，黄金行业实现工业总产值由百亿级上升到千亿级。目前，大型黄金企业集团已成为重要的有色金属生产商，中国黄金、紫金矿业矿山铜产量在全国名列前茅。

我国黄金资源的地区分布不平衡，东部地区金矿分布较广，类型较多。从金矿资源特点来看，主要以岩金为主，伴生金比重较大，难选冶金矿占比较高，小型矿床多，大型、超大型矿床少。

目前黄金生产工艺主要包括破碎/细磨、选矿、预处理、浸出、提取与回收、精炼及“三废”处理等过程单元。由于金矿石的性质不同，生产工艺会有一定的差别，图 6 为黄金生产工艺的简单流程图。

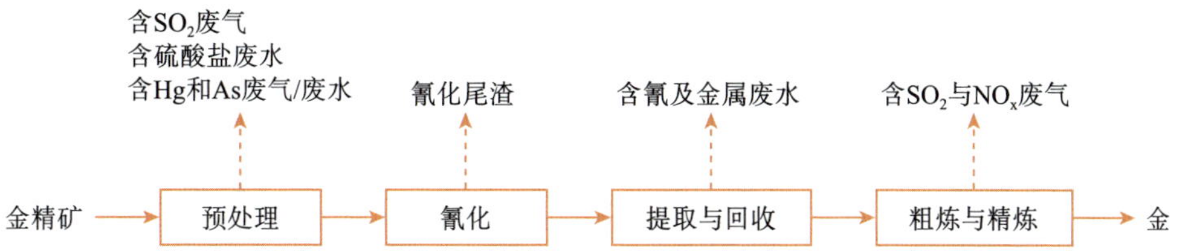

图 6 黄金冶炼流程图

资料来源：世界金属统计局。

世界主要产银国的产银量都比较稳定，其中秘鲁、墨西哥、中国和澳大利亚是排名世界前四位的产银大国，前三大产银国从 2005 年至今的产量均保持在 2 000 吨以上，而澳大利亚的产银量也多年保持在 1 500 吨以上。

中国作为世界第三大白银生产国，多年来矿山银产量节节攀升。据国内机构统计数据显示，2010 年总产量达到 11 617 吨，银产量主要来自铅锌矿和铜矿。白银资源分布广泛，但探明储量相对集中。

目前白银主要是火法银冶炼，工艺流程包括：先进行熔炼使银初步得到提纯，然后进行转炉熔炼，经过冷却收尘系统，电解提纯银金属，针对电解生产中的木叶进行洗涤，废液可以循环使用；最后采用中频炉铸锭，按规格要求对银锭表面处理，打印标识。

（二）商品属性永不磨灭

1. 食用金箔与美容黄金

除了饰品业，黄金的商品属性在食品、美容、医疗等多方面都有所体现。无论什么样的商品，只要加上“黄金”的元素，就好似多了一份尊贵的气息，引得消费者争相追捧。

炎炎夏日是吃冰淇淋的好时节，也是“晒”冰淇淋的好时机！朋友圈里各种美味的冰淇淋中，有一种简直秀出了天际！那就是“金箔冰淇淋”。除了冰淇淋，将金箔用在食物中的产品还有金箔酒、金箔巧克力、金箔蛋糕等。

添加在食品中的黄金是食用金箔。不同于装饰用金箔（纯度约为98%），食用金箔的纯度高达99.9%或以上，是真真正正的高纯度千足金箔。食用金箔的厚度只有万分之一毫米，已经薄到对着光线可以透亮的程度，所以即使用“薄如蝉翼”来形容也是委屈了它，它其实比蝉翼还要薄得多，受到水的张力都会破裂，用手简直就无法将其拿起。

纯金是无毒的，在体内不会被腐蚀从而产生有毒物质。但目前在我国，金箔还未被列为食品添加剂，加之市面上售卖的金箔纯度难以保证，“食用金箔”更多的是商家促销的噱头。

好多女性最感兴趣的黄金的美容护肤由来已久，现在更是成为贵妇名媛们的“新宠”，谁不想往自己脸上“贴金”呢？在古代中国皇室，早有黄金美肤一说。据说，慈禧太后常年肌肤青春光滑，就是使用黄金如意棒每日按摩面部肌肤。杨贵妃也喜欢用黄金粉末沐浴，以保持肌肤年轻有光泽。不仅中国如此，国外也有黄金美容之道。深受法老王宠爱的埃及艳后每晚带着黄金面具入睡，令肌肤保持透亮光滑细致，不显丝毫岁月痕迹。

2. 科技发展离不开金银

世界黄金协会（WGC）研究称，科技领域的黄金需求出现了明显的复苏，在过去10年里，科技需求每年黄金消耗逾380吨，大约比央行净买入高出13%。

黄金在科技中的应用大多在手机、汽车、电视和医疗监视器上。科技领域对黄金的需求在2017年上半年下滑，不过目前在大幅反弹。

过去十几年，白银由于具有优良的常温导电性、导热性、反射特性、感光成像特性、抗菌消炎特性等物理化学特性，作为催化剂、导电触电材料以及抗微生物剂等，被广泛应用在电子、可再生能源以及医疗卫生等工业领域。

随着全球经济的发展，人民生活水平的提高，再加上部分国家和地区的民族风俗习惯，全球银矿资源的消费需求一直稳中有升。其中，工业制造领域需求量最大，为 17 996 吨。

在工业制造中，电子电气行业是白银最大的应用领域；而在摄影业胶卷使用量大幅下降的影响下，传统的白银消费需求领域——摄影感光材料消费需求已大幅萎缩。值得注意的是，随着近年来光伏产业的迅猛发展，光伏产业已成为白银终端应用的新兴领域，其消费占比在逐年递增。

3. 黄金的计量方式

公元前 200 多年前，希腊数学家阿基米德曾为判断一顶皇冠是否纯金做成而发愁。一天，他在浴盆泡澡的时候突然发现了后人所称的“阿基米德定律”：浸入液体的物体受到向上的浮力，浮力的大小等于它排开液体的重量。由此证实了国王定做的皇冠是否纯金做成的。那么，黄金的纯度究竟如何表示呢？

（1）用“K 金”表示黄金的纯度

K 金是黄金与其他金属熔合而成的合金。K 金的“K”是外来语“Karat”的缩写。K 金饰品的特点是成本低，可配制成各种颜色，且提高了硬度，不易变形和磨损。

在理论上，把含量 100% 的金称为 24K，国家标准 GB11887－89 规定，每 K 含金量 4.166666%。K 金按含金量多少分为 24K 金、22K 金、18K 金、9K 金等。有的黄金首饰或者金砖金条上打有文字标记，通常以足金和千足金表示。足金为黄金含量不小于 99%，千足金则为黄金含量不低于 99.9%。

（2）黄金的计量单位

计量黄金的主要单位为盎司、克、千克（公斤）、吨等。盎司，来自英语“ounce”的译音，我国香港译作“安士”，是英制重量计量单位。一般有常衡盎司和金衡盎司之分，1 常衡盎司等于 1 磅的十六分之一，即 28. 3495 克。欧美黄金市场上使用的黄金计量单位是金衡盎司，1 金衡盎司 = 31. 1034768 克。

中国黄金市场以公制克为计量单位。中国传统计量黄金采用的单位是“小两”，1 斤 = 16 小两，1 小两等于 31. 25 克。中国人民银行已明文取消了此种计量方式。香港和广东地区采用“司马两”，一司马两为 37. 5 克，目前香港金银贸易市场仍采用此种计量方式。而欧美用金衡盎司、埃及用狄能、印度用拖拉，但国际金融市场上多以金衡盎司为计算单位，它们之间的换算见表 21。

表 21　　世界各种金衡换算

金衡盎司	小两	司马两	克	托拉	狄能 Diwnen	公斤
1	0. 9953	0. 831047	31. 1035	2. 6667	10. 00	0. 0311035
1. 0047	1	0. 3349	31. 25	2. 6792	10. 047	0. 03125
1. 2033	1. 1976	1	37. 4269	3. 2088	12. 033	0. 03743
0. 03215	0. 032	0. 02672	1	0. 08574	0. 3125	0. 001
0. 002083	0. 002074	0. 00173	0. 0648	0. 00556	0. 02083	0. 000648
0. 375	0. 3732	0. 31164	11. 6637	1	3. 75	0. 01166
0. 01	0. 09953	0. 0831	3. 11035	0. 26667	1	0. 00311035
32. 15	32. 00	26. 7183	1000. 00	35. 73495	321. 50	1

资料来源：Wind，恒泰期货。

（三）世界货币史的主角，货币属性光芒四射

1. 第一个使用金币的民族

根据古希腊史学家希罗多德的记载，吕底亚人是人们所知的第一个铸造、使用金币和银币的民族。吕底亚是公元前 700 年位于小亚细亚西部一个富庶的古王国，距离希腊爱琴海大约 200 英里远。吕底亚处于各文明地区的东西交通要道上，繁荣的贸易和商业活动对兑换流通的金币产生了自然要求，而且吕底亚位于盛产冲积砂金的佩克托勒斯河岸，黄金的供应基本面良好。

吕底亚的末代皇帝克罗伊斯制定的新币史塔特对后世影响久远。史塔特由 24K 纯金构成，还可以细分成 1/3、1/6 和 1/12 等更小的单位，因此促成了金衡盎司的发展。而且，克罗伊斯采用了金银复本位制度，银币用于交易数额较小的场合。

黄金作为货币的转变在社会学上有重要的意义，它促成了黄金的大众化。从此，黄金的使用和拥有不再是君王的特权。

到了罗马帝国，虽然它国力强大、疆土广袤，每年黄金产量至少 5 吨以上，但奢侈爱炫耀的罗马人仍面临着黄金的严重短缺，他们不得不面临今后许多国家都会遭遇的三种解决方案：第一，忍受货币供应不足，承受萧条通缩的痛苦；第二，从其他地区输入黄金，不管是掠夺还是交易；第三，用同量的金属铸成更多的钱币，也就是货币贬值。

小贴士

今天我们常说的“试金石”就是吕底亚人发明的。它是种黑色的石头，金匠把金器在黑石上划出条痕，然后把条痕与一组 24 支含有不同金、银、铜

等组合的试金针划痕加以比较。若是符合第 24 支试金针所划出的条痕，就表示这个金器是纯金的。

2. 黄金和英镑的媒人——牛顿

贸易离不开货币，当金属货币不能满足现代贸易之后，纸币便应运而生。英镑也同样如此。英镑作为英国的本位货币单位，最早由成立于 1694 年的英格兰银行（Bank of England）发行。

1816 年，对于整个世界的货币史来说是重要而值得纪念的一年。因为就在这一年，英国通过了《金本位制度法案》，第一次以法律的形式承认了黄金作为货币的本位来发行纸币。1821 年，英国正式启用金本位制，英镑成为英国的标准货币单位，每 1 英镑含 0. 2583 盎司纯金。

金本位制让各国货币间的汇率变得简单、稳定，为国际贸易的发展创造了条件，全球经济与贸易因此经历了一百年的繁荣。

如果细细研究英国的金本位制的话，可以将历史再追溯 100 年。1696 年，牛顿（是的，就是我们熟知的那个发明了微积分、解开了光的组成之谜、探索出万有引力定律，并被认为是现代科学的奠基人的牛顿）出任英国皇家铸币局的主管。1717 年，时任铸币局主管的牛顿作了一个大胆的决定，按照当时金币的含金量，将黄金价格定位每盎司为 3 英镑 17 先令 10. 5 便士。从此英镑与黄金挂钩，纸币作为钱的替代品进入流通领域，而黄金则作为价值的衡量标准。这就是此后持续了两个世纪之久的古典金本位制。

由于英镑有黄金作为其强有力的后盾，因此英镑迅速成为各国投资者、贸易商及政府竞相抢购的货币。

金本位制保证了英国国内货币与物价的稳定，1750—1914 年长达 165 年的岁月中，英国的物价总体只上涨了 48%，这为英国的工业化创造了条件，让英国平稳地从农业国转变成为工业国。

到 20 世纪初叶，英镑一直是资本主义世界最为重要的国际支付手段和储备货币。但是，世间万物都逃不过“物极必反”的规律。1914 年，世界第一次大战爆发，为了筹集更多的军费，英国政府大量印刷英镑，使得英镑兑换黄金的压力大增。英国政府不得不废除金本位制，金币停止流通，停止兑换黄金。

尽管在 1925 年 5 月 13 日，时任英国财政大臣的丘吉尔恢复了金块本位制，但由于随后的世界经济大萧条而于 1931 年 9 月 21 日被迫放弃。英镑至此一蹶不振，其国际储备货币地位趋于衰落，并逐渐被美元取代。

小贴士

金本位制发展过程见表 22。

表 22 金本位制发展大事表

时　间	事　件
1189 年	“伦敦公司”创立
1694 年	英格兰银行成立
1696 年	牛顿出任英国皇家铸币局主管
1717 年	英镑与黄金挂钩
1816 年	英国通过《金本位制度法案》
1818 年	荷兰实行金本位制
1821 年	英国正式启用金本位制
1871 年	德国、日本实行金本位制
1873 年	法国为首的拉丁货币同盟实行金本位制
1875 年	北欧的丹麦等国实行金本位制
1881 年	阿根廷实行金本位制
1893 年	俄国实行金本位制
1900 年	美国实行金本位制
1914 年	世界第一次大战爆发，英国放弃金本位制
1925 年	英国恢复金块本位制
1931 年	英国放弃金块本位制
1991 年	欧元诞生，但英国并未加入欧元区

资料来源：金德尔伯格《西欧金融史》。

3. 劣币驱逐良币

生活中经常可见这样的现象：比如，在一个公交站内有两种人，一种是守规矩排队的，另一种是胡乱插队不守规矩的。公交车来了，胡乱插队的人冲在前面挤上了公交车，而守规矩的人没挤上车，只能继续等待。过了一会儿，又来一辆公交车，情况依然如此，还是不守规矩的人挤上了车，守规矩的还在等待。等到第三辆公交车进站时，谁还会去排队呢？几乎没有人！

上述现象就是经济学中一个非常著名的定律：劣币驱逐良币定律。

劣币驱逐良币定律也被称为格雷欣法则，是400多年前英国经济学家格雷欣发现的一个有趣现象：两种实际价值不同而名义价值相同的货币同时流通时，实际价值较高的货币，即良币，必然退出流通——它们被收藏、熔化或被输出国外；实际价值较低的货币，即劣币，则充斥市场。

在16世纪的英国，贵金属的开采量逐渐不足以满足造币使用，必须在新铸造的货币之中加入其他金属成分。故当时市场上就有两种货币：一种是原先不含杂质的货币，另一种是被加入其他金属的货币。这两种货币在法律上的价值相等，但人们愿意储存不含杂质的货币，将含杂质的货币拿去交易流通。故市面上的良币（不含杂质的那些货币）就渐渐被储存而减少流通，市场上就只剩下劣币在交易。

另外一种劣币驱逐良币的情形发生在金银复本位制下。金银复本位曾经被18世纪至19世纪的英国、美国、法国长期采用。由于金币和银币之间的兑换比率是政府经由法律定下的，所以会长期稳定不变，但市场上金银之间的相对价格却会因为供需法则而波动。若当黄金的实际价值超过法定兑换率时，人们就会将手中价值较大的金币（良币）熔成金块，再将这些黄金卖掉换成银币（劣币）使用。经过这种程序之后，就可以比直接用金币换银币取得更多的银币。有时人们甚至会重复这样的过程许多次，这就导致市面上的良币被熔化而减少，劣币则会充斥市场并严重扰乱市场秩序。（此处的“良币”并非指单价高的货币，而是指相对于兑换率而言较有优势的货币。假设金币兑银币的法定兑换率是1∶10，若1个金币熔化之后能换取超过10个银币，则金币为良币；若10个银币熔化之后能换取超过1个金币，则银币为良币。）

小贴士

在中国，早在公元前2世纪，西汉的贾谊就曾指出“奸钱日繁，正钱日亡”的事实，这句话的含义和“劣币驱逐良币”是一样的。这里的“奸钱”指的就是劣币，“正钱”指的就是良币。

4. 清朝的银本位制

白银，在历史上曾经与黄金一样作为世界很多国家的法定货币或货币原料，具有金融储备职能，也曾作为国际支付的重要手段。

中国古人对白银的认识和利用有着悠久的历史，白银很早就被制作成工艺品和货币。中国古代把白银用作货币大量使用，是在唐宋以后的事情。到了元代，银本位制得到进一步强化，政府把白银作为一种主要货币，银锭“元宝”出现。到明清，银本位制不断巩固加强。明代实行的是银两制，以金属的重量计值，属于称量货币制度。清代货币制度基本沿袭明代，使用铜钱和银两，短时期局部使用过户部官票和大清宝钞。一般大额交易使用银，小额及零星交易使用铜钱。因社会经济的发展，使用白银更为普遍，白银的地位显得更加重要。直到清朝宣统二年（公元1910年），清廷还是决定“暂就银为本位”，颁行《币制条例》，正式采用银本位制，以“元”为货币单位，发行重七钱二分的一元银质硬币为国家主币，名为大清银币。

清末讨论了近10年的币制问题，以朝廷确定银本位制而告终，但清朝也就差不多同时倒台了。从清末到民初，国内外金融家提出无数方案，最后还是继续采纳银本位制，和之前不同的是，开始铸造“国币”——也就是后世所称的“袁大头”银圆，以彰显主权信用。

1933 年 3 月 8 日，国民政府公布《银本位币铸造条例》；同年 4 月，实行“废两改圆”，发行全国统一的银币——“孙中山头像”银圆。1935 年国民政府又实行币制改革，宣布废止银本位制。至此，中国的银本位制画上了句号。

5. 布雷顿森林体系

布雷顿森林体系（Bretton Woods System）是指第二次世界大战后以美元为中心的国际货币体系。

1944 年 7 月，西方主要国家的代表在联合国国际货币金融会议上确立了该体系，因为此次会议是在美国新罕布什尔州布雷顿森林举行的，所以被称为布雷顿森林体系。关税总协定作为 1944 年布雷顿森林会议的补充，连同布雷顿森林会议通过的各项协定，统称为布雷顿森林体系，即以外汇自由化、资本自由化和贸易自由化为主要内容的多边经济制度，构成资本主义集团的核心内容。

布雷顿森林体系是一种国际金汇兑本位制，它确立了美元在第二次世界大战后国际货币体系中的中心地位，美元成了黄金的“等价物”，美国承担以官价兑换黄金的义务，美元处于中心地位，起到世界货币的作用。该体系一直维持到 1971 年，最后由总统尼克松宣告废除。布雷顿森林会议也促成了世界银行和国际货币基金组织的建立。

想一想

布雷顿森林体系最后走向崩溃的根本原因是什么？

（四）货币属性风光不再，金融属性大放异彩

1. 牙买加协议触发“金蛇狂舞”

进入 20 世纪 70 年代，美国国内通货膨胀愈演愈烈，财政赤字和国际收支逆差不断扩大，致使 1971 年 5 月和 7 月又连续爆发两次美元危机。为应付国内经济困难，尼克松政府于当年 8 月宣布实行“新经济政策”，对内冻结工资和物价，对外停止各国中央银行用美元向美国兑换黄金，美元和黄金开始脱钩。其后，在当年 12 月和 1973 年 2 月，美国两度宣布美元贬值。接着，西方各国纷纷取消本国货币与美元的固定汇率，采取浮动汇率。1976 年，牙买加会议召开，正式取消黄金官价，并实施黄金非货币化。

国际黄金非货币化的结果，使黄金成为可以自由拥有和自由买卖的商品，黄金从国家金库走向了寻常百姓家，其流动性大大增强，黄金交易规模增大，因此为黄金市场的发育、发展提供了现实的经济环境。黄金非货币化的 30 年来也正是世界黄金市场得以发展的时期，可以说黄金非货币化使各国逐步放松了黄金管制，是当今黄金市场得以发展的政策条件。

国家放开黄金管制不仅使商品黄金市场得以发展，同时也促使金融黄金市场迅速发展起来。交易工具的不断创新，几十倍、几百倍地扩大了黄金市场的规模。当今，在黄金商品性市场和金融投资性市场中，商品实物黄金交易额不足总交易额的 3%，金融投资性黄金交易是黄金市场的主流，达到市场份额的 90% 以上。在金融投资性黄金交易中又以黄金金融衍生品交易为主。而且，世界各国央行仍保留了高达 3 万吨的黄金储备。1999 年 9 月 26 日欧洲央行及 14 个欧洲国家央行发表声明，再次确认黄金仍是公认的金融资产，并签订了《华盛顿协议》，表示要约束自己的售金行为。

作为特殊的贵金属，牙买加协议之后，黄金的金融属性开始大放异彩，不仅成为世界各国青睐的主要国际储备，而且作为一种公认的金融资产活跃在金融投资领域，充当国家或个人的储备资产。同时它在国际货币市场上成为继美元、欧元、英镑、日元之后的第五大硬通货。

2. 逆势兴起的黄金 ETF

实物黄金因货币等价物的天然属性使其收益独立于经济周期、商品价格和其他投资类产品，成为良好的风险分散工具。在保留实物黄金保值增值优点的同时，黄金交易型开放式基金（Gold Exchange Traded Fund，以下简称黄金 ETF）具有投资门槛低、交易便捷、保管安全等实物黄金所不具备的优点，受到了海外众多机构和个人投资者的青睐。

2003 年世界上第一只黄金 ETF——Gold Bullion Securities 在澳大利亚交易所上市。由于澳大利亚并非纽约、伦敦等世界金融中心，再加上人们对黄金 ETF 还不熟悉，该产品在当时并未受到投资者的追捧。直到 2004 年全球最大的黄金 ETF 产品 SPDR Gold Shares 在纽约证券交易所上市，黄金 ETF 产品才真正进入投资者的视野。随后，英、法等国家纷纷推出黄金 ETF，黄金 ETF 市场进入快速增长期。中国的两只黄金 ETF——华安易富黄金和国泰黄金也于 2013 年 8 月成功上市交易。

根据世界黄金理事会（World Gold Council）的统计数据，截至 2019 年 8 月，全球共有近 80 只黄金 ETF 产品，黄金持有量 2 733 吨，产品涉及五大洲、18 个国家和地区。分地区来看，北美洲和欧洲仍是黄金 ETF 的主要市场，特别是美国市场，占据了全球市场的 50%。但亚洲是发展最快的地区，中国的博时黄金（159937. SZ）等为亚洲的增量贡献了大部分的份额。

因为产品的同质性，黄金 ETF 具有非常强的马太效应。全球最大的黄金 ETF 产品 SPDR Gold Shares 的资产规模占全球总规模的 35%；各国最大的黄金 ETF 产品在规模上占本国市场的比例，也绝大部分超过 30%，最高的南非甚至高达 99.36%。这解释了在全球黄金 ETF 产品规模持续上升的同时，产品数量的变化几乎停滞的原因。

黄金 ETF 不仅加大了对实物黄金的需求，促进了黄金市场的繁荣，也丰富了市场投资者的投资手段，特别是在金融危机的情况下，其优势更为突出。以 2008 年席卷全球的金融危机为例，2008 年第三季度全球股票市场大幅下挫，而投资者对黄金 ETF 的买入量创季度买入历史新高，达到 145 吨，充分表明黄金 ETF“避风港”的作用。显然，黄金 ETF 已成为各国和地区投资者抵御通货膨胀、保值增值、分散组合风险的重要工具。

3. 24 小时的金银交易市场

全球黄金市场主要分布在欧、亚、北美三个区域。欧洲以伦敦、苏黎世黄金市场为代表；北美主要以纽约、芝加哥为代表；亚洲主要以日本东京、中国香港为代表。

（1）全球黄金交易市场

美国黄金市场是 20 世纪 70 年代中期发展起来的，主要原因是 1977 年后，美元贬值，美国人（主要是以法人团体为主）为了套期保值和投资增值获利发展起来的。美国黄金市场经过了一系列合并整合，如今以美国芝加哥商业交易所（Chicago Mercantile Exchange，以下简称 CME）集团下属的 COMEX 为主。CME 成立于 1898 年，发展至今，已经成为美国最大的期货交易所、世界上最大的金融衍生品交易所和第二大期货期权合约的交易所。美国黄金市场以做黄金期货交易为主，目前纽约黄金市场已成为世界上交易量最大和最活跃的期金市场。

伦敦是世界上最大的黄金市场，其发展历史可追溯到 300 多年前。1804 年，伦敦取代阿姆斯特丹成为世界黄金交易的中心。1919 年伦敦金市正式成立，每天进行上午和下午的两次黄金定价。由五大金行（巴克莱、德意志银行、加拿大丰业银行、汇丰、法国兴业银行）定出当日的黄金市场价格，该价格一直影响着纽约和中国香港的交易。但德意志银行宣布在 2014 年 5 月退出定盘价机制后，有着 117 年历史之久的伦敦白银定盘价于 2014 年 8 月终结。2015 年 3 月 20 日，伦敦黄金定盘价被伦敦金银市场协会（LBMA）黄金价格取代，新定价机制仍然每天两次定价（伦敦当地时间 10：30 和 15：00），但与之前少数银行通过电话定价方法不同，这是一个电子和可交易的拍卖过程，独立管理，买卖集合竞价并实时发布，参与者数量可以尽可能地多。

苏黎世黄金市场是第二次世界大战后发展起来的世界黄金市场。瑞士特殊的银行体系和辅助性的黄金交易服务体系，为黄金买卖者提供了一个既自由又保密的环境。瑞士与南非也有优惠协议，获得了 80% 的南非金；苏联的黄金也聚集于此，使得瑞士不仅是世界上新增黄金的最大中转站，也是世界上最大的私人黄金的存储与借贷中心。苏黎世黄金市场在世界黄金市场上的地位仅次于伦敦。苏黎世黄金市场没有正式的组织结构，由瑞士联合银行集团和瑞士信贷银行负责结算结账。这两大银行不仅可为客户代行交易，而且黄金交易也是这两家银行本身的主要业务，可提供优良安全的保险柜和黄金账户。

日本黄金交易所成立于 1981 年 4 月，1982 年开设期货，是日本政府正式批准的唯一黄金期货市场，为日本的黄金业者提供了一个具有透明度和有效率的交易平台。之后在 1984 年与东京橡胶交易所等合并为东京工业品交易所。1991 年 4 月，东京工业品交易所将黄金市场原有的日本传统的定盘交易方式改为与世界主要市场一样的自动盘交易，同时引进电子屏幕交易系统，该系统完全实现了电子操作，远程控制。交易所又在配备全新系统的基础上，采用全电子化连续交易技术。2004 年，黄金期权获准上市，日本的黄金期货市场更加活跃。在 24 小时的黄金交易市场中，东京市场成为伦敦、纽约交易时间外的亚洲时段的重要交易市场。

中国香港黄金市场可以追溯至 1910 年香港金银业贸易场成立，其发展历史已逾百年。目前香港最重要的黄金交易市场有香港金银贸易场、伦敦金市场以及期货市场。

中国内地黄金市场起源于20世纪30年代，当时上海金业交易所曾是远东最大的黄金交易中心之一，“炒金”是当时极为流行的投资方式。新中国成立后，政府对黄金实行统一管理。1950年4月，中国人民银行制定下发《金银管理办法》，冻结民间金银买卖，明确规定国内的金银买卖统一由中国人民银行经营管理。1983年6月15日，《中华人民共和国金银管理条例》颁布实施，其基本内容是国家对金银实行统一管理、统收统配的政策，即对黄金实行市场管制，国家管理金银的主管机关为中国人民银行。1993年，我国黄金市场启动改革，国务院63号函（《国务院对中国人民银行〈关于提请解决黄金市场有关问题的请示〉的批复》）确立了黄金市场化方向。2001年4月，中国人民银行行长戴相龙宣布取消黄金“统购统配”的计划管理体制，在上海组建黄金交易所。2002年10月上海黄金交易所开业，标志着中国的黄金业开始走向市场化。2008年1月9日，经国务院同意和中国证监会批准，黄金期货在上海期货交易所上市。目前，我国黄金市场体系基本建成，初步形成了上海黄金交易所黄金业务、商业银行黄金业务和上海期货交易所黄金期货业务共同发展的市场格局，形成了与黄金产业协同发展的良好局面。

（2）全球白银交易市场

目前，国际主要白银交易市场包括纽约、伦敦、苏黎世、香港、印度及东京等金融中心，通过这些市场的连接，可以实现全球范围内24小时的连续交易。

美国是目前全球白银期货的交易中心和定价中心。1963年6月12日，COMEX在全球首先推出了5 000盎司/手的大型白银期货合约，之后又推出了2 500盎司/手的小型白银期货合约和1 000盎司/手的微型白银期货合约。2008年，NYMEX与COMEX并入CME集团，目前，CME是全球最大的期货交易市场，旗下有4个主要交易中心：芝加哥商品交易所（CME）、纽约商业交易所（NYMEX）、芝加哥商品期货交易所（CBOT）及纽约商品交易所

（COMEX）。其中，COMEX 白银期货是最重要的白银期货价格，该交易所本身不参加白银期货买卖，仅提供场所和设施，并制定一些法规，保证交易双方在公平合理的前提下进行交易，其交易方式为 CME Globex（电子盘）、CME ClearPort（场外交易）和公开叫价（纽约）。

伦敦银通常被称为欧式白银交易。早在 17 世纪，伦敦已经有实货及期货白银买卖，但伦敦银不是一种白银的名称，而是一种白银交易方式的名称，因最早起源于伦敦而得名。伦敦白银市场并不是一个实际存在的交易场所，而是一个通过各大银商的销售网络联成的无形市场，整个市场由各大银商及下属公司间的相互联系组成，通过银商与客户之间的电话、电传等方式进行交易。目前伦敦白银市场是最活跃的白银现货市场。伦敦白银定盘价起始于 1897 年，每日伦敦白银定盘价主要由三大白银做市商通过对比交易订单来确定基准价格，该价格作为现货价格的参考指标价。在白银定盘价格确定机制的三个成员之一——德意志银行宣布退出之后，自 2014 年 8 月 14 日开始，原有的伦敦白银定盘机制退出历史舞台，被新的电子化系统取代。

我国香港白银市场已有 90 多年的历史，目前香港有三个白银市场：一是金银业贸易场，该市场有固定买卖场所，以港元/两进行报价，目前仍采用公开叫价、手势成交的传统现货交易方式；二是本地伦敦银市场，是由外资银商组成的白银市场，与伦敦银市联系密切，没有固定的交易场所；三是白银期货市场，是一个正规的交易市场，此市场中白银期货的形式与美国 COMEX 白银期货类似。

4. 独具魅力的金银期货交易

根据上海期货交易所数据显示，2018 年全球贵金属衍生品成交 2.91 亿张，同比增长 4.3%；中国贵金属衍生品成交 0.58 亿张，约占全球贵金属衍生品交易总量的 19.93%，占比进一步提高。

作为 20 世纪 70 年代发展起来的美国黄金市场，纽约商品交易所（NY-

MEX）COMEX 分部主要以包括黄金在内的金属期货交易为主。目前，COMEX 黄金期货合约已经成为全球交易量最大的黄金期货合约。除标准合约外，迷你黄金期货期权等衍生品也可以同时交易（见表 23）。

表 23　　纽约商品交易所黄金期货合约

项　目	合约内容
交易品种	黄金
交易单位	100 盎司/手 = 3.11 公斤/手
报价单位	美元/盎司
最小变动价位	0.1 美元/盎司
主力合约月份	2、4、6、8、12 月
最后交易日	交割月倒数第三个交易日
交割日期	交割月的所有交易日
交割品级	交割的黄金最低须符合 995 成色检测
交易代码	GC
交易时间	周一至周四：17：00—15：15 以及 15：30—16：30，周日：17：00—15：15（美国中部时间）

资料来源：文华财经。

上海期货交易所（SHFE）黄金期货合约于 2008 年 1 月 9 日正式挂牌交易，并于 2013 年 7 月 5 日正式连续交易（见表 24）。

表 24　　上海期货交易所黄金期货合约

项　目	合约内容
交易品种	黄金
交易单位	1 000 克/手
报价单位	元（人民币）/克
最小变动价位	0.02 元/克
每日价格最大波动限度	上一交易日结算价的 ±3%
合约交割月份	最近三个连续月份的合约以及最近 13 个月以内的双月合约
交易时间	上午 9：00—11：30，下午 1：30—3：00 以及交易所规定的其他交易时间

续表

项　目	合约内容
最后交易日	合约交割月份的 15 日（遇法定假日顺延，春节月份等最后交易日交易所可另行调整并通知）
交割日期	最后交易日后连续 5 个工作日
交割品级	金含量不小于 99.95% 的国产金锭及经交易所认可的伦敦金银市场协会（LBMA）认定的合格供货商或精炼厂生产的标准金锭
交割地点	交易所指定交割金库
最低交易保证金	合约价值的 4%
交割方式	实物交割
交割单位	3 000 克
交易代码	AU
上市交易所	上海期货交易所

资料来源：文华财经。

纽约商品交易所白银期货合约见表 25。

表 25　纽约商品交易所白银期货合约

项　目	合约内容
交易品种	白银
交易单位	5 000 盎司/手 = 155 公斤/手
报价单位	美元/盎司
最小变动价位	0.005 美元/盎司
主力合约月份	1、3、5、7、9、12 月
最后交易日	交割月倒数第三个交易日
交割日期	交割月的所有交易日
交割品级	交割的白银为质量 1 000 盎司或 1 100 盎司，纯度不低于 99.90 的银锭。交割的银锭须由经交易所批准和注册的精炼商提供，并铭刻交易所编号和标记
交易手续费	约 1—2 美元
交易代码	SI
交易时间	周一至周四：17：00—15：15 以及 15：30—16：30，周日：17：00—15：15（美国中部时间）

资料来源：文华财经。

上海期货交易所白银期货合约见表26。

表26　　上海期货交易所白银期货标准合约

项　目	合约内容
交易品种	白银
交易单位	15 千克/手
报价单位	元（人民币）/千克
最小变动价位	1 元/千克
每日价格最大波动限度	上一交易日结算价的 ±3%
合约交割月份	1—12 月
交易时间	上午 9：00—11：30，下午 1：30—3：00 以及交易所规定的其他交易时间
最后交易日	合约交割月份的 15 日（遇法定假日顺延，春节月份等最后交易日交易所可另行调整并通知）
交割日期	最后交易日后连续 5 个工作日
交割品级	标准品：符合国际 GB/T 4135－2016 IC－Ag99.99 规定，其中银含量不低于 99.99%
交割地点	交易所指定交割仓库
最低交易保证金	合约价值的 4%
交割方式	实物交割
交割单位	30 千克
交易代码	AG
上市交易所	上海期货交易所

资料来源：文华财经。

（五）谁的翅膀在扇动？波澜起伏的金银价格

1. 巴菲特投资白银的秘诀

巴菲特被称为华尔街的“股神”，他是世界上靠股市暴富的世界第二大富豪，他的伯克希尔哈撒韦公司每股价格曾超过 10 万美元。他以股票投资闻名于世，殊不知，他在白银投资上赚的钱也造就了另一个资本界传奇。

20 世纪 90 年代末，互联网概念被“炒”得热气腾腾时，秉持“在别人贪婪时恐惧”的原则，巴菲特另辟蹊径，将目光盯在了白银上面。1995 年，面对银价约为 5 美元/盎司的低价，巴菲特果断地大量买入。期间巴菲特不断增持，到 1999 年初，他旗下的伯克希尔哈撒韦公司持有的白银已经达到令人吃惊的 1.3 亿盎司（见图 7）。

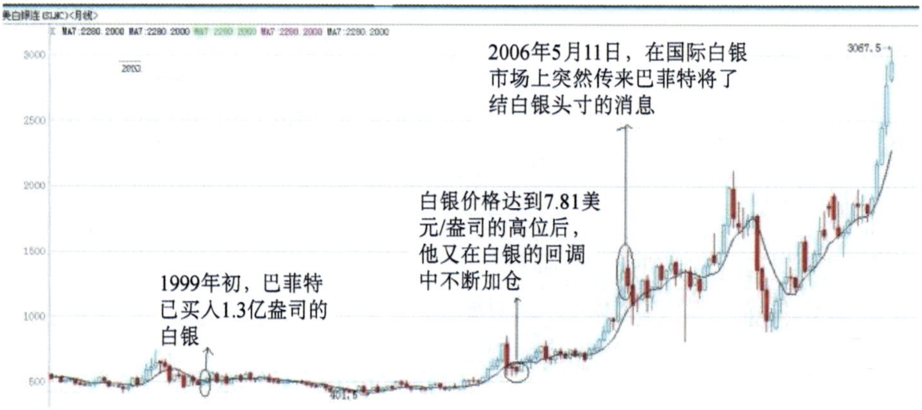

图 7　白银价格走势

资料来源：文华财经，恒泰期货。

在当年，这相当于世界最大的白银出口国——印度全年的白银进口量。在白银价格达到 7.81 美元每盎司的高位后，巴菲特又在白银的回调中不断加码。巴菲特在买入白银的全过程中，买的并非最低价，卖的也并非最高价，期间更出现过 20% 的亏损。与此同时，其他科技投资者的利益却轻松翻倍，巴菲特在强大的市场压力下，依旧坚持增加白银头寸。

看似飞蛾扑火的做法，无疑招致许多投资者的嘲笑，但巴菲特却始终坚持自己的投资方向。到 2006 年时，白银价格从 5 美元/盎司上涨到 15 美元/盎司，长达 11 年的投资，巴菲特收获了丰厚的回报，获利不输于股市，也成就了巴菲特投资生涯的另一个传奇。

后来巴菲特总结其白银投资说：“我们曾一度持有大量的白银，但是现在已经没有了。我最初的决定是基于对白银供求关系的判断——白银的生产和回收总量约1亿盎司——低于其消费量。目前的消费需求已大幅降低，比如以照相行业为例，该行业同时提供了大量的白银回收，因而也起到了抵消供应不足的作用。白银的供需关系曾经是失衡的，但是由于累计开采出来的量很大，并且原本其他用途的需求量释放出来转做他用——这增加了供应，这些就是亨特兄弟在20世纪80年代早期试图在白银市场囤积居奇时发生的变化。纯银矿非常少，大多数白银是其他采掘过程的副产品，因此产能不易扩张。我认为白银会变得紧俏，我很早就认识到这一点而买入。当然，卖出也很早。”

可见，巴菲特投资商品的依据也是商品的真实供求关系，在供不应求时买入，在供求平衡时卖出。而黄金同样作为市场上流通的商品之一，自然也具有相同的特性。近些年我们在讨论黄金价格走势的时候，通常依靠美元、避险情绪等主要因素来判断，其实黄金需求同样是影响金价的重要因素之一。回顾近几年市场对于黄金的需求，就中国而言，对黄金需求的爆发点通常是在逢年过节的时候。

2. “9·11”事件检验了黄金

黄金作为一种避险资产，除了受到供需基本面和美元指数的影响之外，它的价格还受到市场避险情绪的影响。一般而言，当没有预期到的“黑天鹅”事件发生时，市场避险情绪上升，黄金就成为可靠的避风港，黄金投资需求将会大增并推动其价格上涨；而当风险事件的影响不及预期或消退时，黄金价格又会回调。可以说金价和避险情绪是呈同向变动的关系，当市场避险情绪高涨的时候，金价上涨；反之则下跌。

有一句俗语非常形象地描绘了风险事件对金价的影响：“大炮一响，黄金万两。”例如，著名的“9·11”事件就曾让黄金价格出现了暴涨。2001年9

月 11 日上午，美国世界贸易中心与五角大楼遭到袭击，造成世界贸易中心 1、2 号楼相继倒塌，并引起其余建筑发生连锁反应而受震坍塌。在“9・11”事件发生后，黄金价格直接由 271 美元/盎司跳高到 287 美元/盎司开盘，并出现了连日上涨，最高触及 296 美元/盎司，这在当时是一个较高的价位。

突发的恐怖袭击让当时的美国民众担忧情绪暴涨，催发了市场对黄金的避险需求升温，从而诱发了黄金价格瞬间飙升的态势。另外，为了安抚民众、清理坍塌建筑、救援生还者等一系列后续处理需要大量的人力物力支撑，这对当时政府支出造成的压力很大，势必会对经济造成影响，从而使得美元贬值，助涨黄金。

小贴士

如今，市场的避险情绪高低可以参考 VIX 指数获得一个直观的感受。VIX 指数代表标准普尔 500 指数在未来 30 天的一个预期波动率，它是基于标准普尔 500 指数的当月和下月平价及价外期权的隐含波动率属性加权求和得到的。VIX 指数越高，表示投资者预期未来股价指数的波动性越剧烈；VIX 指数越低，表示投资者认为未来的股价波动将趋于缓和。由于该指数亦可观察市场参与者的心理表现，因此也被称为“投资者恐慌指数”。近年来，VIX 指数正受到市场越来越广泛的关注，被作为一种重要的投资参考指标。

3. 亲密无间的黄金与美元

美元指数是综合反映美元在国际外汇市场汇率情况的指标，用来衡量美元对一揽子货币的汇率变化程度。它通过计算美元和对选定的一揽子货币的综合的变化率，来衡量美元的强弱程度，从而间接反映美国的出口竞争能力和进口成本的变动情况。

不同于金价和避险情绪的正相关关系，美元指数和金价一般而言呈负相关。美元指数跌的时候黄金在涨，而黄金跌的时候美元指数则往往处于上升途中。那么，美元为什么能如此强地影响金价呢？

首先，美元是当前国际货币体系的基石，美元和黄金同为最重要的储备资产，美元的坚挺和稳定削弱了黄金作为储备资产和保值功能的地位。其次，美国的 GDP 仍占世界 GDP 的 1/4，对外贸易总额世界第一，影响着世界经济。而黄金价格与世界经济好坏成反比例关系。最后，世界黄金市场一般都以美元标价，这样美元贬值势必导致金价上涨。比如，20 世纪末金价进入低谷，人们纷纷抛出黄金，就与美国经济连续 100 个月保持增长、美元坚挺关系密切。

需要注意的是，黄金市场与外汇市场是两个相互影响但又彼此独立的金融市场，除了受外部因素的影响外，还有各自内在的运行规律，美元指数的走势只是提供一个参考指标，不能完全用美元指数走势分析来代替国际现货黄金的走势分析。

4. 用黄金对冲通胀？没那么简单

影响黄金价格的另一个因素是通货膨胀，通俗而言，即是商品和服务价格的上涨。一般而言，较高的通胀水平往往会推高金价，而较低水平的通胀或通缩则会令金价承压。

通货膨胀普遍被认为是经济增长和扩张的信号。当经济增长和扩张时，美联储扩大货币供应量是很普遍的。扩大货币供应量会稀释流通中的每一种货币流通票据的价值，从而使购买那些具有储存价值的资产变得更加昂贵，比如说黄金。这就是人们普遍认为货币供应量迅速扩张的量化宽松计划对黄金价格有利的原因。

然而，用黄金来对冲通胀并没有人们想象的那么简单。绝大多数人认为通胀决定了黄金的价格，历史也证明，这个逻辑是有错误的。

在通货膨胀的初期阶段，适当的通货膨胀对黄金价格具有很强的助涨作用。由于货币供应量的增加会引起物价上涨，黄金作为一种商品，其价格自然也会上涨。与此同时，黄金具有明显的“保值避险”的保障性功能。由于通货膨胀率会影响一个国家货币的购买力，当一个国家物价稳定、通货膨胀率相对较低时，其货币的购买力就会很稳定，这时作为保值之用的黄金就不会那么吸引消费者，黄金的价格自然受到影响而下降；当一个国家的物价波动较大、通货膨胀率较高、物品价格不稳定时，必然会引起人们的恐慌，人们手中的货币购买力下降，现金没有了保障，人们就会选择购买黄金来保值，因此黄金价格就会不断攀升。

然而在通货膨胀的高涨阶段，过度的通货膨胀反而对黄金价格形成一定的抑制作用。由于高涨的通货膨胀必然会引起经济宏观调控政策的逆转，国家管理层将不断推出治理通胀的从紧政策，从而制约经济发展，最终造成商品价格的下跌，这也将使得黄金的价格出现下跌。与此同时，高涨的通货膨胀会造成实际的负利率，促使银行利率不断上调，导致手中资金紧张，黄金市场中的资金就有可能被抽走，这也会引起黄金价格的下跌。

综上所述，通货膨胀对金价的影响要作长期和短期分析，并结合通货膨胀在短期内的程度而定。从长期看，每年的通胀率若是在正常范围内变化，那么其对金价的波动影响并不大；只有在短期内物价大幅上升，引起人们恐慌，货币的单位购买力下降，金价才会明显上升。

5. 亨特兄弟的一次“逼仓”

白银因其盘面较黄金更小，虽然同为贵金属，但是比黄金更容易受到投机力量的操纵，因此白银市场被认为是投机者的天堂。而历史上著名的一次白银投机事件就是亨特兄弟的白银市场操纵。

20 世纪 70 年代初期，白银价格在 2 美元/盎司附近徘徊。由于白银是电子工业和光学工业的重要原料，邦克·亨特和赫伯特·亨特兄弟俩图谋从操纵白银的期货价格中获利。此后的 4 年间，亨特兄弟伙同阿拉伯皇室以及大陆、阳光等大型的白银经纪商不断囤积白银。

1979 年夏天，亨特兄弟发起总攻，他们在纽约商业交易所（NYMEX）

和芝加哥期货交易所（CBOT）以每盎司6—7美元的价格大量收购白银。年底，他们已控制了纽约商品交易所53%的存银和芝加哥商品交易所69%的存银，拥有1.2亿盎司的现货和0.5亿盎司的期货。在他们的控制下，白银价格不断上升，到1980年1月17日，银价已涨至每盎司48.7美元。1月21日，银价已涨至有史以来的最高价——50.35美元/盎司，比一年前上涨了8倍多。这种疯狂的投机活动，造成白银的市场供求状况与生产和消费实际脱节，市场价格严重偏离其价值。

1980年1月，白银达到50.35美元/盎司历史最高价时，亨特兄弟的资金也基本耗尽了。为了继续维持对白银市场的垄断，他们不得不向大银行高息借款。就在这时，美国政府开始干预了，芝加哥期货交易所将白银合约的保证金直接从1 000美元提高到6 000美元；而纽约交易所的规定更加严厉，直接不准建立新期货合约。

亨特兄弟无法再买进任何白银，资金也耗尽了，市场上的投机风向直接逆转。白银价格开始回落的同时，银行开始向亨特兄弟追债，而期货交易商也开始追索保证金。最终，巨量白银卖出导致价格雪崩。几天时间内，白银价格从40美元/盎司左右直接暴跌到10美元/盎司。亨特兄弟宣告破产，一场惊涛骇浪般的投机故事宣布落幕，这样一场对抗全世界的疯狂行为成为绝唱。

这是人类有史以来最大的庄家操纵案，白银市场从此以后也被投资者称为“投机者天堂”。

6. 波澜起伏的金银比价

2019年1月，中国证券报记者计算结果显示，金银比价达到83∶1，位于历史高位水平。在中国，两千多年来金银比价的总体走势是由弱到强、由低到高的过程（见图8）。

图 8　金银比价走势图

资料来源：Wind，恒泰期货。

公元前 3500 年，古埃及的美尼斯法典规定：一份黄金同两份半的白银价值相等。这大概是人类历史上最低的金银比价了。从古巴比伦帝国（公元前 2000 年）到吕底亚帝国（公元前 500 年），金银比价为 13. 3，这个比值是地球环绕太阳一周 365. 25 天，与月亮绕地球一周 27. 32 天的比值。古人认为金与日、银与月是有联系的。还有一种说法是，月亮绕过黄道带比太阳快 13. 3 倍，所以人们认为黄金的价值比白银贵 13. 3 倍。很多古代文明中，一年有 13 个月，每月 28 天。因此，金银比价 13 也很常见。

自 20 世纪 50 年代以来，国外金银比价时高时低，变幻莫测，但总的趋势是走高。1950 年金银比价为 46. 9；1968 年出现低点——16. 2；20 世纪 70 年代，金银比价在 20. 3—37. 4 之间震荡；1986 年，金银比价跳升至 68. 13；1992 年 3 月，纽约市场金银比价高达 84. 58。

布雷顿森林体系崩溃前，因黄金与美元挂钩，金银价格与金银比价均处于相对稳定状态。1970 年尼克松宣布美元与黄金脱钩，金银价格开始剧烈波动。2018 年与 1900 年相比，黄金涨了 36 倍左右，白银则上涨了 27 倍左右。

金银比价呈现出一些弱规律性。如果经济处于衰退周期，白银价格下跌速度快过黄金；反之，若经济上行，白银价格上涨也会快过黄金。这种现象的内在原因，主要在于黄金与白银的属性不同。比如白银广泛应用于工业领域，黄金则更多表现为首饰或投资需求。此外，黄金的生产成本容易确定，白银很大一部分来源于伴生矿，其生产成本相差很大。

有经验的贵金属投资者往往利用金银比价来判断价格走势，进行投机。比如，当金银比过大时，意味着黄金可能超涨了，也可能白银超跌了，此时可以采用空金多银策略；相应地，当金银比过小时，可以考虑采用多金空银策略。

后　记

历经三年多的辛勤工作，《“讲故事　学期货”金融国民教育丛书》终于与读者见面了！

《“讲故事　学期货”金融国民教育丛书》用图书的方式，打造一套具有标识性的投资者教育产品，在系统、全面介绍期货行业全貌、入市应知应会的基础上布局亮点，力图用通俗易懂的语言、生动有趣的故事案例将期货知识介绍给读者，尽量避免深奥的理论阐述。

本丛书由中国期货业协会期货投资者教育专项基金资助。中国证监会投资者保护局、期货部自始至终关注期货业协会投教基地的建设和投教新产品的推出；协会领导对丛书编写工作给予高度重视和大力支持；王明伟会长多次对编写工作提出指导意见。中国期货业协会投资者教育委员会部分委员参与了丛书评审。中国财政经济出版社负责出版工作。

本书由恒泰期货股份有限公司的魏刚、周志文、李雪巍、李婕、徐博、戴俊生、沈思芸负责主要撰稿任务，刘仲元修改定稿，陈瑞华在不同阶段参与了具体撰写工作。

鉴于水平所限，呈现给大家的书稿可能仍未达到期望。在此，我们诚恳地向读者征求意见和建议，以便在以后修订的过程中继续提高。如有错误疏漏之处，敬请读者批评指正。

“讲故事　学期货”金融国民教育丛书编写组

2019年12月